Fritz Nicklisch

# Verbandsmacht und einstweiliger Rechtsschutz

Schriftenreihe zum Vereins- und Verbandsrecht

Herausgegeben von Professor Dr. Fritz Nicklisch, Bonn

Band 2

1974

J. Schweitzer Verlag · Berlin

# Verbandsmacht und einstweiliger Rechtsschutz

Von
Professor Dr. iur. Fritz Nicklisch
Bonn

1974
J. Schweitzer Verlag · Berlin

ISBN 3 8059 0374 X



Satz: J. Prill Berlin – Druck: Color Druck, Berlin – Printed in Germany.

## Inhaltsverzeichnis

## Literatur


| | |
|---|---|
| Bachof | Anmerkung zu dem Beschl. des OVG Lüneburg v. 15.2.1950. DÖV 1950, 251 |
| ders. | Aussetzung der Vollziehung und einstweilige Verfügung im verwaltungsgerichtlichen Verfahren. NJW 1949, 815 |
| ders. | Aussetzung der Vollziehung und einstweilige Verfügung im Verwaltungsprozeß. NJW 1949, 328 |
| ders. | Justiz und Verwaltungsgerichtsbarkeit. ZZP 65 (1952), 1 |
| ders. | Zur Entwicklung der Verwaltungsgerichtsbarkeit in Wohnungssachen (US-Zone). DV 1949, 646 |
| Bauernfeind | Die Mitgliedschaft in Koalitionen. Diss. Köln 1957 |
| Baumann, W. | Die Vereinsstrafgewalt des Deutschen Fußball-Bundes über die Bundesligavereine, Lizenzspieler und Fußball-Lehrer. Diss. Bonn 1971 |
| Baumbach/Schwab | Schiedsgerichtsbarkeit. 2. Aufl. München/Berlin 1960 |
| Baur | Studien zum einstweiligen Rechtsschutz. Tübinger Rechtswissenschaftliche Abhandlungen Band 20. Tübingen 1967 |
| Bettermann | Das Gerichtsverfassungsrecht in der Rechtsprechung des Bundesverfassungsgerichts. AöR 92 (1967), 496 |
| Beuthien | Die richterliche Kontrolle von Vereinsstrafen und Vertragsstrafen. BB 1968, Beil. 12 zu H. 33 |
| Beyer | Die Ausschließung eines Mitglieds aus dem Verein. Diss. Halle-Wittenberg 1935 |
| Blomeyer, A. | Zivilprozeßrecht. Berlin/Göttingen/Heidelberg 1963 |
| Brand | Kann das Gericht vor Klageerhebung die Vollziehung des Verwaltungsakts aussetzen? DVBl. 1950, 45 |
| Dütz | Einstweiliger Rechts- und Interessenschutz in der Betriebsverfassung. ZfA 1972, 247 |

| | |
|---|---|
| ders. | Rechtsstaatlicher Gerichtsschutz im Privatrecht. Zum sachlichen Umfang der Zivilgerichtsbarkeit. Bad Homburg v.d.H./Berlin/Zürich 1970 |
| Endemann | Lehrbuch des Bürgerlichen Rechts, 1. Bd.: Einleitung – Allgemeiner Theil – Recht der Schuldverhältnisse. 9. Aufl. Berlin 1903 |
| Eyermann/Fröhler | Verwaltungsgerichtsgesetz für Bayern, Bremen, Hessen und Württemberg-Baden. München/Berlin 1950 |
| Erman | Kommentar zum BGB, Bd. 1, 5. Auflage. Münster 1972 |
| ders. | Eilmaßnahmen aus §§ 117, 127 HGB und Schiedsvertrag. In: Festschrift für Philipp Möhring zum 65. Geburtstag, München/Berlin 1965, S. 3 |
| Enneccerus/Nipperdey | Allgemeiner Teil des Bürgerlichen Rechts, 1. Halbband: Allgemeine Lehren, Personen, Rechtsobjekte. 15. Aufl. Tübingen 1959 |
| Flume | Allgemeiner Teil des bürgerlichen Rechts, Bd. 2: Das Rechtsgeschäft. Berlin/Heidelberg/New York 1965 |
| ders. | Die Vereinsstrafe. In: Festschrift für Eduard Bötticher zum 70. Geburtstag, Berlin 1969, S. 101 |
| Friesenhahn | Über Begriff und Arten der Rechtsprechung. In: Festschrift für Richard Thoma zum 75. Geburtstag, Tübingen 1950, S. 21 |
| Groscurth | Die Entwicklung der Rechtsprechung zur gerichtlichen Nachprüfbarkeit von Vereinsbeschlüssen (außerhalb des Kartellrechts). Diss. Göttingen 1966 |
| Hamann | Einstweilige Anordnungen im Verwaltungsstreit, insbesondere in Wohnungssachen. NJW 1950, 891 |
| Heinsheimer | Mitgliedschaft und Ausschließung in der Praxis des Reichsgerichts. Ein kritischer Beitrag zum inneren Vereinsrecht. Berlin 1913 |
| Huber, E.R. | Das Verbandswesen des 19. Jahrhunderts und der Verfassungsstaat. In: Festgabe für Theodor Maunz zum 70. Geburtstag, München 1971, S. 173 |
| Jaschkowitz | Einstweilige Verfügung und Vorbescheid bei der Geltendmachung vermögensrechtlicher Ansprüche der Beamten. JW 1928, 3209 |

| | |
|---|---|
| Jellinek, W. | Grabreden auf kirchlichen Friedhöfen. In: Festschrift zur Feier des fünfzigjährigen Bestehens des Bayerischen Verwaltungsgerichtshofs, München/Berlin/Leipzig 1929, S. 124 |
| Jesch | Gesetz und Verwaltung. Eine Problemstudie zum Wandel des Gesetzmäßigkeitsprinzipes. Tübinger Rechtswissenschaftliche Abhandlungen Band 2. 2. Aufl. Tübingen 1968 |
| Jonas | Anmerkung zu dem Urt. des LAG Freiburg v. 2.1.1929 ArbRspr. 1929, 241 |
| ders. | Anmerkung zu dem Urt. des RG v. 11.5.1936. JW 1936, 2549 |
| Kern | Das Ende der Friedensgerichte. JZ 1960, 244 |
| ders. | Gerichtsverfassungsrecht. 4. Aufl. München/Berlin 1965 |
| Klinger | Die Verordnung über die Verwaltungsgerichtsbarkeit in der britischen Zone. 2. Aufl. Göttingen 1953 |
| Leipold | Grundlagen des einstweiligen Rechtsschutzes im zivil-, verfassungs- und verwaltungsgerichtlichen Verfahren. München 1971 |
| Leist | Untersuchungen zum inneren Vereinsrecht. Jena 1904 |
| Loening | Zur Vereinheitlichung der Verwaltungsgerichtsbarkeit SJZ 1950, 255 |
| Maunz-Dürig-Herzog | Kommentar zum Grundgesetz. 3. Auflage. München 1971 |
| Mayer, O. | Deutsches Verwaltungsrecht, 1. u. 2. Bd. 3. Aufl. München und Leipzig 1924 |
| Meyer-Cording | Die Vereinsstrafe. Tübingen 1957 |
| Müller-Heidelberg | Aussetzung der Vollziehung und einstweilige Verfügung im verwaltungsgerichtlichen Verfahren. NJW 1949, 814 |
| Naumann | Zur Entwicklung der Verwaltungsgerichtsbarkeit in Wohnungssachen. DV 1949, 290 |
| Nicklisch | Schiedsgerichtsklauseln und Gerichtsstandsvereinbarungen in Verbandssatzungen und Allgemeinen Geschäftsbedingungen. BB 1972, 1285 |

| | |
|---|---|
| Nitschke | Die körperschaftlich strukturierte Personengesellschaft. Bielefeld 1970 |
| Oertmann | Bürgerliches Gesetzbuch, Allgemeiner Teil. 3. Aufl. Berlin 1927 |
| Palandt | Bürgerliches Gesetzbuch. 32. Aufl. München 1973 |
| Planck | Kommentar zum Bürgerlichen Gesetzbuch nebst Einführungsgesetz, Bd. 1: Allgemeiner Teil (§§ 1–240) 4. Aufl. Berlin 1913 |
| Rauball | Bundesliga-Skandal. Berlin/New York 1972 |
| Reichert/Dannecker/Kühr | Handbuch des Vereins- und Verbandsrechts. Neuwied/Berlin 1970 |
| Rosenberg | Lehrbuch des deutschen Zivilprozeßrechts. 9. Aufl. München/Berlin 1961 |
| Rosin | Das Recht der Oeffentlichen Genossenschaft. Freiburg i.Br. 1886 |
| van de Sandt | Die Verwaltungsgerichtsbarkeit in der britischen Zone. Münster 1949 |
| Schlegelberger/Vogels | Erläuterungswerk zum Bürgerlichen Gesetzbuch und zum neuen Volksrecht, Bd. 1: Allgemeiner Teil (§§ 1 – 240) mit dem Verschollenheitsgesetz vom 4. Juli 1939. Berlin 1939 |
| Schlosser | Einverständliches Parteihandeln im Zivilprozeß. Tübingen 1968 |
| ders. | Prozessuale Fragen um den privatrechtlichen Vereinsverwaltungsakt. Eine Studie unter besonderer Berücksichtigung des Rechts der Sportverbände. MDR 1967, 884–889 u. 961–966 |
| ders. | Vereins- und Verbandsgerichtsbarkeit. München 1972 |
| Scheyhing | Verfahrensrechtliche Fragen zum Vereinsstrafrecht. JZ 1958, 343 |
| Schulte | Eine Untersuchung über das Erkenntnisverfahren bei Arrest und einstweiliger Verfügung. Mannheim/Berlin/Leipzig 1930 |
| Sieveking | Die Entwicklung der Verwaltungsgerichtsbarkeit. MDR 1949, 24 |

| | |
|---|---|
| Soergel/Siebert | Bürgerliches Gesetzbuch mit Einführungsgesetz und Nebengesetzen, Bd. 1: Allgemeiner Teil (§§ 1–240). 10. Aufl. Stuttgart/Berlin/Köln/Mainz 1967 |
| Stahlhacke | Die Ausschließung von Mitgliedern aus Berufsverbänden. RdA 1953, 306 |
| Staudinger | Kommentar zum BGB, Bd. I. 11. Auflage, 1957 |
| Stein-Jonas | Kommentar zur ZPO. 19. Auflage, bearbeitet von Pohle, Grunsky u.a.; Tübingen 1967 ff |
| Stein-Jonas-Schönke | Kommentar zur ZPO. 18. Auflage, Tübingen 1953 |
| Stöber | Vereinsrecht. Bonn 1971 |
| von Tuhr | Der Allgemeine Teil des Deutschen Bürgerlichen Rechts, Bd. 1: Allgemeine Lehren und Personenrecht. Leipzig 1910 |
| Ule | Das besondere Gewaltverhältnis. In: VVDStRL H. 15 (1957), S. 133 |
| Voigt | Aus der Praxis der Verwaltungsgerichte im Lande Niedersachsen. DV 1949, 201 |
| Vollmer | Satzungsmäßige Schiedsklauseln. Bad Homburg v.d.H./ Berlin/Zürich 1970 |
| Vortisch | Anmerkung zu dem Urt. des LAG Freiburg v. 2.1.1929 JW 1930, 3019 |
| Wälde | Anmerkung zu dem Beschl. des VG Karlsruhe v. 10.11.1949. NJW 1950, 398 |
| Weitnauer | Vereinsstrafe, Vertragsstrafe und Betriebsstrafe. In: Festschrift für Rudolf Reinhardt zum 70. Geburtstag, Köln-Marienburg 1972, S. 179 |
| Wieczorek | Kommentar zur ZPO, Band IV, Teil 2. Berlin 1958 |
| Westermann, H.P. | Zur Legitimität der Verbandsgerichtsbarkeit. Bemerkungen zu den Urteilen des Deutschen Fußballbundes. JZ 1972, 537 |
| ders. | Die Verbandsstrafgewalt und das allgemeine Recht. Zugleich ein Beitrag zur juristischen Bewältigung des „Bundesliga-Skandals“. Bielefeld 1972 |
| Werder/Labs/Ortmann | Das Verfahren vor den Verwaltungsgerichten. Kommentar zur Verordnung 165 über die Verwaltungsgerichtsbarkeit in der britischen Zone. Oldenburg 1949 |

Willoweit — Abgrenzung und rechtliche Relevanz nicht rechtsgeschäftlicher Vereinbarungen. Schriften zur Rechtstheorie Heft 19. Berlin 1969

Zöller — Kommentar zur ZPO. 10. Auflage. München 1968

## A. Einleitung*

Der einstweilige Rechtsschutz hat in den letzten Jahrzehnten in der Rechtswirklichkeit ständig an Bedeutung zugenommen. Sein Schwerpunkt hat sich dabei von den einstweiligen Verfügungen, die der Sicherung der Vollstreckung eines im Hauptprozeß später ergehenden Urteils dienen, auf solche Verfügungen verlagert, durch welche bis zur Entscheidung in der Hauptsache im Interesse des Rechtsfriedens eine vorläufige Regelung des tatsächlichen Zustandes in Bezug auf ein streitiges Rechtsverhältnis getroffen wird. Dieser Entwicklung, die im Bereich des allgemeinen Privatrechts seit jeher durch § 940 ZPO legitimiert ist, hat der Gesetzgeber in jüngerer Zeit selbst Vorschub geleistet, indem er in neueren Verfahrensgesetzen ausnahmslos vorläufige Rechtsschutzformen zur Verfügung stellte und dabei regelmäßig die regelnden Verfügungen im Sinne des § 940 ZPO zum Vorbild nahm[1].

Die Gründe, die für diese Ausdehnung des einstweiligen Rechtsschutzes bestimmend waren, hat Baur in seinen „Studien zum einstweiligen Rechtsschutz"[2] im einzelnen dargelegt. Er hat dabei zu Recht auch darauf hingewiesen, daß der rechtliche oder auch nur faktische Zusammenschluß mehrerer Personen in Gruppen oder Organisationen – etwa in Hausgemeinschaften, Gesellschaften aller Art, Verbänden und öffentlichrechtlichen Körperschaften – in erhöhtem Maße Spannungen und Auseinandersetzungen mit sich bringt, die bis zu einer endgültigen gerichtlichen Klärung irgendwie „vernünftig" geregelt werden müsssen, um ein Weiterleben der betreffenden Gruppe oder Organisation sicherzustellen. Soweit die unmittelbar Beteiligten zu einer einverständlichen Regelung von sich aus nicht willens oder nicht in der Lage sind, sind

---

* Herrn Referendar Julius Braun, Königstein/Ts., habe ich für wertvolle Unterstützung zu danken.

1 § 32 Abs. 1 BVerfGG, § 123 Abs. 1 VwGO, § 56 GWB; vgl. auch §§ 62 Abs. 2, 85 Abs. 2 ArbGG.

2 A.a.O., S. 4–7.

die staatlichen Gerichte an ihrer Stelle berufen, einen vorläufigen modus vivendi herzustellen. Außer durch das Erfordernis, die Funktionstüchtigkeit von Gruppen und Organisationen zu gewährleisten, ist die Intensivierung des einstweiligen Rechtsschutzes auch durch das Schutzbedürfnis der Individuen gegenüber der Ausübung sozialer oder wirtschaftlicher Macht veranlaßt worden. Menschliche Zusammenschlüsse jeder Art sind als Träger sozialer Machtpositionen im privaten wie im öffentlichen Bereich in der Lage, ihre Zielvorstellungen gegenüber dem Individuum zunächst einmal in die Wirklichkeit umzusetzen. Damit ist die Gefahr verbunden, daß zu Lasten des Individuums vollendete Tatsachen geschaffen werden, noch bevor endgültiger gerichtlicher Rechtsschutz gewährt werden kann. Insoweit kommt dem einstweiligen Rechtsschutz die Funktion zu, dem jeweils sozial Schwächeren gegen die Ausübung sozialer Macht effektiven, d.h. rechtzeitig einsetzenden Rechtsschutz zu gewährleisten.

Im Vereins- und Verbandsbereich liegen die beiden genannten Ursachen für das Bedürfnis nach Gewährung einstweiligen Rechtsschutzes regelmäßig kumulativ vor. Bei Differenzen innerhalb von Verbänden versuchen diese, sofern eine Einigung über den modus vivendi bis zu einer endgültigen gerichtlichen Klärung nicht erzielt werden kann, in aller Regel mit Erfolg, unter Einsatz der ihnen rechtlich oder tatsächlich zukommenden Verbandsmacht, ihre Vorstellungen und Maßnahmen im wirklichen oder vermeintlichen Verbandsinteresse gegenüber den betroffenen Mitgliedern oder Mitgliedergruppen zunächst einmal tatsächlich durchzusetzen. Diese Feststellung hat für die verschiedensten Arten von Verbänden Gültigkeit. Sie ließe sich an dem Beispiel von Wirtschaftsverbänden, Gütezeichengemeinschaften, Genossenschaften, Arbeitgeber- und Arbeitnehmerorganisationen oder politischen Parteien ebenso verifizieren wie an dem Beispiel der im Freizeitsektor tätigen Vereinigungen, insbesondere der Sportverbände. In derartigen Konfliktssituationen, in welchen die divergierenden Interessen der Verbände und der Mitglieder und Mitgliedergruppen aufeinanderstoßen, kommt dem einstweiligen Rechtsschutz neben seiner Regelungs- und Rechtsfriedensfunktion auch die Funktion zu, die jeweils sozial schwächere Partei gegenüber der sozial stärkeren zu schützen. Als schutzbedürftig erweist sich hierbei naturgemäß regelmäßig das einzelne Mitglied oder eine Mitgliedergruppe. Ausnahmsweise kann sich aber auch eine umgekehrte Konstellation ergeben. Man denke etwa an den Fall, daß eine starke Gruppe innerhalb eines Verbandes sich nicht an die verbandsinternen Normen hält und Maßnahmen, die der Satzung widersprechen, durchzusetzen versucht. In einem solchen Falle wird es ausnahmsweise die Verbandsführung sein, die gegenüber der betreffenden Gruppierung des einstweiligen Rechtsschutzes bedarf[3].

Der eingangs beschriebenen Tendenz zur Ausdehnung des einstweiligen Rechtsschutzes scheint sich nach alledem gerade im verbandsinternen Bereich ein weites Feld zu eröffnen. Gerade hier hat sich jedoch der einstweilige Rechtsschutz gegen eine gegenläufige Tendenz zu behaupten, nämlich gegen das Bestreben der Verbände, verbandsinterne Differenzen intern auszutragen und die Gerichte von einer Entscheidung in verbandsinternen Angelegenheiten möglichst fernzuhalten. Diesem Bestreben der Verbände hat die Gerichtspraxis bisher teilweise Rechnung getragen, indem sie sich in der Überprüfung vereinsinterner Maßnahmen selbst Beschränkungen auferlegte und darüber hinaus die Gewährung von Rechtsschutz vor Abschluß der vereinsinternen Verfahren in der Regel gänzlich versagte. Der Konflikt zwischen diesen beiden gegenläufigen Tendenzen fordert eine Stellungnahme zu der Frage geradezu heraus, ob und in welchem Umfange es zulässig ist, daß die Gerichte in vereins- und verbandsinternen Angelegenheiten einstweiligen Rechtsschutz gewähren, bevor eine Entscheidung in der Hauptsache selbst möglich ist.

Diese Problematik hat in jüngster Zeit die Aufmerksamkeit einer breiteren Öffentlichkeit gefunden, nachdem verschiedene Bundesliga-Spieler im Zusammenhang mit dem sogenannten Bundesliga-Skandal mit unterschiedlichem Erfolg bei den staatlichen Gerichten einstweilige Verfügungen gegen den Deutschen Fußball-Bund e.V. (DFB) als Veranstalter der Bundesliga beantragt hatten[4]. Obwohl das Problem des einstweiligen Rechtsschutzes gegen Verbandsmaßnahmen aus den obengenannten Gründen allgemeine Bedeutung hat, soll es im folgenden exemplarisch an diesen „DFB-Fällen" erörtert werden. Dies rechtfertigt sich daraus, daß im Zuge der öffentlichen Diskussion über den Bundesliga-Skandal die für das Verhältnis des DFB zu den Bundesliga-Spielern

---

3 Dem Verfasser ist ein Fall bekanntgeworden, in dem die Führung einer Gewerkschaft erwogen hat, im Wege einer einstweiligen Verfügung bestimmte Maßnahmen einer Untergruppierung zu verhindern, weil sie es verbandspolitisch für unklug oder gar aussichtslos hielt, mit den Mitteln der Verbandsgewalt die von der Untergruppierung geplanten Maßnahmen zu verhindern.

4 Vgl. die Entscheidungen LG Berlin v. 11.1.1972 – 5 O 487/71 –, abgedr. bei Rauball, a.a.O., S. 162 ff.; LG Frankfurt/Main v. 20.6.1972 und v. 20.7.1972 – 2/15 O 332/72 –; v. 2.11.1972 – 2/15 O 622/72 –; v. 7.12.1972 – 2/15 O 699/72 – sowie das Urt. des OLG Frankfurt/Main v. 25.4./26.4.1973 – 19 U 46/73 –.

relevanten tatsächlichen Gegebenheiten weitgehend bekannt wurden. Man ist deshalb hier – anders als häufig in sonstigen Vereinsrechtsfällen – bei der Problemlösung nicht auf Spekulationen hinsichtlich der beiderseits zu berücksichtigenden Interessen angewiesen.

## B. Rechtstatsächliche Verhältnisse und Problemstellung

### I. Rechtstatsächliche Verhältnisse

Seit den „Enthüllungen" des ehemaligen Präsidenten des Bundesligavereins Kickers-Offenbach über die Vorgänge am Ende der Bundesligasaison 1970/71[5] geht der Deutsche Fußball-Bund e.V. (DFB) disziplinarisch unter anderem gegen Lizenzfußballspieler vor, welche sich nach Ansicht der zuständigen DFB-Gremien an Spielmanipulationen beteiligt haben, und spricht gegen diese – gestützt auf § 4 des zwischen dem DFB und einem jeden Lizenzspieler abgeschlossenen Lizenzvertrages[6] und unter Berufung auf die Verbandsgewalt des DFB – in einem formalisierten, in Anlehnung an staatliche Prozeßordnungen ausgestalteten Verfahren[7] neben Geldstrafen zeitlich begrenzte oder dauernde Spielersperren und Lizenzentzüge aus. Erstinstanzlich zuständig zur Verhängung dieser Sanktionen ist nach § 4 Satz 2 des Lizenzvertrages und § 41 DFB-Satzung das DFB-Sportgericht, gegen dessen Entscheidung die betroffenen Lizenzspieler Berufung vor dem DFB-Bundesgericht einlegen können[8]. Bereits vor Abschluß des auf die erstinstanzliche Entscheidung des Sportgerichtes hinzielenden Verfahrens kann der Vorsitzende des Sportgerichts gemäß § 12 Satz 1 RuVO im Wege verbandsinterner einstweiliger Verfügungen vorläufige Sperren – sogenannte Vorsperren – aussprechen. Auch gegen diese Ent-

---

5 Vgl. die von Rauball zusammengestellte Dokumentation „Bundesliga-Skandal", 1972, sowie die Spiegel-Serie über den Bundesliga-Skandal, Der Spiegel, 26. Jahrg. 1972, Nr. 18–21.

6 Dieser formularmäßig abgeschlossene Vertrag ist als Anhang Nr. 2 zum Bundesligastatut (BLSt.) in der vom DFB herausgegebenen Statutensammlung „Bundesligastatut, Vertragsspielerstatut 1971" (S. 40 ff.) abgedruckt.

7 Vgl. nur § 10 Rechts- und Verfahrensordnung (RuVO) sowie die in § 48 DFB-Satzung, § 7 RuVO und § 36 Ziff. 2 BLSt. normierte staatsanwaltschaftsähnliche Funktion des Kontrollausschusses. Die DFB-Satzung sowie die Rechts- und Verfahrensordnung sind veröffentlicht in der vom DFB herausgegebenen Statutensammlung „Satzung und Ordnungen" (1971).

8 § 42 Ziff. 1 lit. a DFB-Satzung, § 15 Ziff. 1 RuVO, § 8 Ziff. 1 BLSt.

scheidungen ist in der Rechts- und Verfahrensordnung in Gestalt des Widerspruchs[9] und der Beschwerde[10] die Möglichkeit der Einlegung verbandsinterner Rechtsbehelfe vorgesehen.

Obwohl demnach sowohl die von dem Vorsitzenden des Sportgerichts ausgesprochenen Vorsperren als auch die von dem Sportgericht selbst verhängten Strafen nur vorläufigen Charakter haben, da sie ja möglicherweise durch die jeweils höhere Instanz wieder aufgehoben werden, sollen diese Entscheidungen nach dem Willen des DFB dennoch sofort vollstreckt werden können. Sofern ihnen nicht schon durch die Satzung sofortige Wirksamkeit verliehen ist[11], ist den Rechtsorganen des DFB die Befugnis eingeräumt, die sofortige Wirksamkeit ihrer Entscheidungen besonders anzuordnen[12].

Soweit es sich nun bei den erstinstanzlich verhängten Sanktionen um Geldstrafen handelt, wirkt sich die vom DFB gewollte sofortige Vollziehbarkeit der noch nicht endgültigen Strafaussprüche für die betroffenen Lizenzspieler nicht nachteilig aus. Denn da sich die Verbandsgewalt des DFB weder rechtlich noch tatsächlich auf das Privatvermögen seiner Mitglieder bzw. auf das Vermögen der Lizenzspieler erstreckt[13], könnte der DFB die Geldstrafen nur durch Zahlungsklagen beitreiben, die er vor den ordentlichen Gerichten oder vor dem an deren Stelle tretenden Schiedsgericht[14] zu erheben hätte. Solche Klagen sind nun aber erst nach Abschluß der vereinsinternen Rechtsbehelfsverfahren zulässig[15],

---

9 § 12 Satz 3 RuVO.

10 § 22 Ziff. 1 RuVO.

11 § 21 Ziff. 2, § 12 Satz 4, § 22 Ziff. 2 i.V. mit § 21 Ziff. 2 RuVO.

12 § 21 Ziff. 1 RuVO.

13 Eine andere Beurteilung hinsichtlich der tatsächlichen Vollstreckbarkeit von Geldstrafenentscheidungen ergäbe sich dann, wenn sich der DFB bei Begründung des Mitgliedschaftsverhältnisses bzw. bei Begründung des Verhältnisses zu den Lizenzspielern Sicherheiten ausbedingen würde, um diese ggf. später zur Vollstreckung von Geldstrafen zu verwerten. Zur Frage der Zulässigkeit eines solchen, vom DFB soweit ersichtlich nicht angewandten, in der älteren Kartellpraxis jedoch verbreiteten Verfahrens vgl. § 14 GWB sowie die Bemerkungen hierzu unten S. 33f.

14 Vgl. den zwischen dem DFB und einem jeden Lizenzspieler abgeschlossenen Schiedsgerichtsvertrag, abgedr. als Anhang Nr. 2 zum Bundesligastatut.

15 RGZ 151, 229, 231; *Jonas*, JW 1936, 2549, 2551; *Schlegelberger-Vogels-Pfeifle*, § 25 Rdnr. 13; *Groscurth*, S. 21; *Reichert/Dannecker/Kühr*, S. 204; *Erman-Westermann*, § 25 Anm. 4.

so daß die Anordnung der sofortigen Vollziehbarkeit bei Geldstrafenentscheidungen wirkungslos ist. Zur Zahlung einer Geldstrafe können die Lizenzspieler erst dann gezwungen werden, wenn nach Erschöpfung der DFB-internen Rechtsbehelfsverfahren die Rechtmäßigkeit der Straffestsetzung durch ein staatliches Gericht bestätigt bzw. der die Straffestsetzung bestätigende Schiedsspruch gem. § 1042 Abs. 1 ZPO für vollstreckbar erklärt worden ist.

Im Gegensatz zu der Situation bei der Vollstreckung von Geldstrafen bedarf der DFB zur Vollstreckung von Spielersperren und Lizenzentzügen keines staatlichen Vollstreckungstitels. Die Sperre eines Spielers ist ebenso wie der Entzug seiner Spielerlizenz eine rechtsgestaltende Maßnahme und als solche nicht vollstreckungsbedürftig, da sie die Vollstreckung gewissermaßen in sich selbst trägt. Eine Sperre hat – ihre Rechtmäßigkeit einmal vorausgesetzt – ipso iure die Folge, daß der gesperrte Spieler nicht mehr spielberechtigt ist. Auch zur Herstellung des der neugestalteten Rechtslage entsprechenden tatsächlichen Zustandes ist der DFB nicht auf die staatlichen Gerichte angewiesen. Es reicht hier vielmehr der innerverbandliche soziale Druck aus, den der DFB auf die Bundesligavereine durch die Androhung von Sanktionen für den Fall des Einsatzes nicht spielberechtigter Spieler ausübt[16], um der nach dem Willen des DFB rechtlich wirksamen, wenn auch nur vorläufigen Sperre tatsächliche Wirksamkeit zu verleihen. Denn bei der angespannten finanziellen Lage der Bundesliga-Vereine[17] sowie den ruinösen Folgen eines Abstiegs in die Regionalliga[18] kann es kein Bundesliga-Verein verantworten, sich durch Nichtrespektierung von Entscheidungen des DFB dem Risiko von unter Umständen erheblichen Geldstrafen oder dem Risiko von Punktabzügen auszusetzen. Auf diese Weise werden vom DFB faktische Verhältnisse geschaffen, noch bevor feststeht, ob eine Strafmaßnahme vor den verbandsintern höheren Entscheidungsgremien Bestand haben wird und vor allem, bevor ein ordentliches Gericht oder ggf. ein Schiedsgericht über deren Rechtmäßigkeit oder deren Rechtswidrigkeit abschließend entschieden hat.

---

16 Vgl. § 4 Ziff. 1 lit. g RuVO, § 8 Ziff. 2 lit. a des Besonderen Teils der Spielordnung, § 8 des Lizenzvertrages zwischen dem DFB und den Bundesliga-Vereinen (Anhang Nr. 1 zum Bundesligastatut).

17 Vgl. hierzu den Bericht „Der bezahlte Fußball: Hundert Vereine und 50 Millionen Mark Schulden" in der Frankfurter Allgemeinen Zeitung v. 15.12.1972, S. 12.

18 Vgl. hierzu *Baumann*, S. 59.

Die Tragweite und die rechtliche Problematik dieses Verfahrens lassen sich in ihrem vollen Umfang erst ermessen, wenn man sich die Konsequenzen eines faktischen Vollzugs von angeblich noch nicht endgültigen Sperren usw. für die betroffenen Spieler vor Augen hält. Durch die Nichtverwendung in Bundesligaspielen geht ein Spieler nicht nur der mit der Teilnahme an diesen verbundenen Leistungs- und Sonderprämien verlustig[19], die in ihrer monatlichen durchschnittlichen Höhe immerhin den Betrag seines Grundgehaltes erreichen[20], sondern er läuft darüber hinaus Gefahr, an Leistungsfähigkeit und Popularität zu verlieren. Diese sind aber ausschlaggebend für die weitere Beschäftigung eines Spielers in der Bundesliga, für die Höhe der damit verbundenen Handgelder[21] sowie für den Ertrag der typischerweise auf der Popularität des Spielers beruhenden Nebentätigkeiten, z.B. in Sportartikel-, Versicherungs- und Werbeunternehmen[22]. Vergegenwärtigt man sich weiterhin, daß einerseits ein Lizenzfußballspieler seinen Beruf nur während eines relativ begrenzten Zeitraumes von durchschnittlich zehn Jahren ausüben kann, daß andererseits aber bis zum Abschluß der verbandsinternen Rechtsbehelfsverfahren in der Regel mehrere Monate verstreichen und nach dem Spruch der höchsten verbandsinternen Instanz ein endgültiges rechtskräftiges Urteil eines staatlichen Gerichts möglicherweise erst nach mehreren Jahren zu erwirken ist, so wird deutlich, daß der faktische Vollzug von Sperren und Lizenzentzügen nichts weniger als das definitive Ende der beruflichen Laufbahn eines Lizenzspielers bedeuten kann. An diesem Ergebnis vermag auch eine spätere gerichtliche Aufhebung des die Sperre oder den Lizenzentzug bestätigenden Schiedsspruchs nichts zu ändern. Nach einer längeren Spielpause von unter Umständen mehreren Jahren und wegen des damit notwendigerweise verbundenen Trainingsrückstandes wäre es angesichts der hohen Leistungsanforderungen innerhalb der Bundesliga selbst für jüngere Bundesligaspieler kaum möglich, ihre Tätigkeit in der Bundesliga wieder aufzunehmen. Selbst wenn bereits das Schiedsgericht – die Wirksamkeit des zwischen dem DFB und den Lizenzspielern abgeschlossenen Schiedsvertrages einmal unterstellt[23] – die Sperre oder den Lizenzentzug aufhebt, führt

19 § 24 Ziff. 6 BLSt.

20 Grätz, in: Die Zeit v. 24.3.1972, S. 44.

21 Vgl. hierzu *Grätz*, a.a.O., S. 44.

22 Vgl. *Baumann*, S. 60; *Grätz*, a.a.O., S. 44.

23 Dessen Wirksamkeit ist unter dem Gesichtspunkt des § 1025 Abs. 2 ZPO problematisch, vgl. *Nicklisch*, BB 1972, 1285, 1288 ff.

das zu keinem wesentlich anderen Ergebnis. In jedem Fall wäre der Spieler für einen erheblichen Zeitraum an seiner Berufsausübung verhindert, und dies kann bei einem so „anfälligen" Beruf von erheblicher Tragweite sein. Zum Ausgleich der Schäden, die ihnen aus dem Vollzug später als rechtswidrig festgestellter Strafen entstanden sind, sähen sich die Spieler ausschließlich auf Schadensersatzansprüche gegen den DFB verwiesen. Diese dürften jedoch wegen des in § 2 Satz 4 des Lizenzvertrages und § 54 der DFB-Satzung enthaltenen Haftungsausschlusses und – wenn man den Haftungsausschluß als unwirksam ansieht – jedenfalls wegen der erheblichen Beweisschwierigkeit praktisch von nur beschränktem Wert sein.
Ebenso wie an dem Beispiel der Lizenzspieler ließen sich auch an dem Beispiel der Bundesligavereine selbst die faktischen Konsequenzen des sofortigen Vollzugs von DFB-Strafen darstellen. Ein Bundesligaverein etwa, der wegen angeblicher Spielmanipulationen in eine tiefere Spielklasse versetzt wurde, kann, nachdem er einmal aus der Bundesliga ausgeschieden ist, nicht mehr oder nur unter Inkaufnahme von schwerstwiegenden Eingriffen in die Organisation der Bundesliga in diese wieder eingegliedert werden, da an seine Stelle ja sofort ein anderer Verein nachgerückt ist, und der Spielbetrieb in neuen Zusammensetzungen weiterging. Ein Urteil eines staatlichen Gerichts, welches vielleicht nach zwei oder drei Jahren die Rechtswidrigkeit der Abstufung und damit zugleich feststellte, daß der abgestufte Bundesligaverein rechtlich der Bundesliga immer noch angehöre, könnte an diesen Tatsachen nichts mehr ändern. Ein solches Urteil würde lediglich die Ohnmacht dokumentieren, in welche sich das Recht begibt, wenn es sich nicht rechtzeitig gegenüber der Macht der Tatsachen durchsetzt.

## II. Rechtliche Problematik

Angesichts der eben dargestellten erheblichen und häufig irreparablen Auswirkungen eines sofortigen Vollzugs der vom DFB verhängten Strafen erscheint es prima facie unabdingbar und keiner weiteren Begründung bedürftig, daß es den betroffenen Lizenzspielern freistehen müsse, gegen den sofortigen Vollzug der Strafen vor den staatlichen Gerichten um einstweiligen Rechtsschutz nachzusuchen. Die Zulässigkeit derartiger Rechtsschutzgesuche wird jedoch trotz alledem unter mehreren rechtlichen Gesichtspunkten in Frage gestellt. So hat sich der DFB im Zusammenhang mit dem sogenannten Varga-Fall[24]

---

24 Vgl. hierzu *Westermann*, Verbandsstrafgewalt, S. 72 f.; ders., JZ 1972, 537, 542.

gegen die Zulässigkeit einstweiliger Verfügungen mit dem Argument gewandt, daß es für den DFB nicht mehr möglich wäre, einen fairen sportlichen Wettbewerb zu gewährleisten, wenn die ordentlichen Gerichte durch einstweilige Verfügungen in den Sportbetrieb eingriffen. Der DFB hat damit nichts weniger als die Herausnahme des Sports aus der allgemeinen Rechtsordnung in Anspruch genommen. Dies wird expressis verbis durch Äußerungen des Vorsitzenden des Kontrollausschusses des DFB bestätigt, wonach es sich in den streitig gewordenen Fällen nicht um Recht, sondern um Sport handele[25].

Zur Begründung der Unzulässigkeit eines einstweiligen Rechtsschutzes beruft sich der DFB weiterhin auf den zwischen ihm und den Lizenzspielern abgeschlossenen Schiedsvertrag[26], indem er die Auffassung vertritt, daß ebenso wie einer Klage in der Hauptsache auch einem Antrag auf den Erlaß einer einstweiligen Verfügung aufgrund dieses Vertrages die Einrede des § 274 Abs. 1 Ziff. 3 ZPO entgegenstehe[27].

Die Zulässigkeit des Erlasses einstweiliger Verfügungen bedarf schließlich der Rechtfertigung angesichts des in Rechtsprechung und Literatur ausnahmslos anerkannten Grundsatzes, daß in vereinsinternen Angelegenheiten eine Klageerhebung erst dann zulässig sei, wenn die vereinsinternen Rechtsbehelfsmöglichkeiten ausgeschöpft seien[28].

Die folgenden Untersuchungen werden sich zunächst mit diesen drei gegen die Zulässigkeit einstweiligen Rechtsschutzes vorgebrachten Argumenten kritisch auseinandersetzen (C, D und E). Im Anschluß hieran soll der Frage nachgegangen werden, was Prüfungsgegenstand der einstweiligen Verfügungsverfahren ist, insbesondere ob und inwieweit der staatliche Richter bereits in diesen Verfahren in eine Prüfung der Rechtmäßigkeit bzw. Rechtswidrigkeit der

25 Vgl. *Westermann*, Verbandsstrafgewalt, S. 11, 24, 73.

26 Anhang Nr. 2 zum Bundesligastatut.

27 Vgl. den Parteivortrag des DFB in dem sogenannten Varga-Verfahren vor dem LG Berlin, abgedr. bei Rauball, S. 162, 168.

28 *Planck-Knoke*, § 39 Anm. 3; *Oertmann*, § 35 Anm. 3 b d; *Meyer-Cording*, Vereinsstrafe, S. 86 f.; *Staudinger-Coing*, § 35 Rdnr. 8; *Enneccerus/Nipperdey*, S. 678, 681; *Schlosser*, MDR 1967, 884, 889; ders., Vereins- und Verbandsgerichtsbarkeit, S. 126 ff.; *Soergel-Siebert-Schultze=v.Lasaulx*, § 25 Anm. 31; *Reichert/Dannecker/Kühr*, S. 217, 384; *Stöber*, Vereinsrecht, S. 103; *Palandt-Danckelmann*, § 25 Anm. 3 b. – RGZ 85, 355, 356 f.; BGHZ 13, 5, 15; BGHZ 47, 172, 174; OLG Frankfurt, NJW 1970, 2250, 2252; OLG Karlsruhe, OLGZ 1970, 300, 302.

angegriffenen Strafmaßnahmen eintreten muß. Möglicherweise würde nämlich der einstweilige Rechtsschutz entwertet, wenn man insofern an die Prüfungspflicht des Richters zu hohe Anforderungen stellte (F). Den Abschluß der Untersuchung bilden einige rechtspolitische Bemerkungen zu der Frage, wie eine auf Dauer wohl nicht zu umgehende gesetzliche Regelung des hier angeschnittenen Problems in etwa aussehen könnte (G).

## C. „Sport" als Exemtion aus der staatlichen Rechtsordnung?

Bei dem Versuch, die Herausnahme des Sportbetriebs aus der allgemeinen Rechtsordnung zu begründen, knüpft der DFB – vermutlich, ohne sich dessen bewußt zu sein – an die um die Jahrhundertwende vereinzelt vertretene Auffassung an, daß die Rechtsbeziehungen zwischen – sozusagen im klassischen Sinne – idealen Vereinen und ihren Mitgliedern nicht justiziabel seien[29]. Diese Auffassung, die heute noch in dem Grundsatz der nur beschränkten Nachprüfbarkeit von Vereinsmaßnahmen rudimentär weiterlebt, wurde zum Teil damit begründet, daß außerhalb des Familienrechts nichtvermögensrechtliche Beziehungen[30] keinen staatlichen Rechtsschutz genössen. Zum anderen ist sie wohl vor dem Hintergrund des traditionellen Gesetzesbegriffs zu verstehen, nach dem sich der Rechtsbereich auf die Beziehungen zwischen Bürger und Bürger sowie zwischen Staat und Bürger beschränkt, die internen Beziehungen innerhalb der Staatsorganisation, insbesondere innerhalb der besonderen Gewaltverhältnisse[31], jedoch in das Gebiet des Nicht-Rechtes fielen[32]. Nachdem die Rechtsschutzfähigkeit auch nichtvermögensrechtlicher Beziehungen inzwischen allgemein anerkannt und die Verrechtlichung der staats- und verwaltungsinternen Bereiche, insbesondere der besonderen Gewaltverhältnisse, in Abkehr vom traditionellen Gesetzesbegriff und in Gemäßheit rechtsstaatlicher

---

29 *Endemann,* Lehrb. des Bürgerl. Rechts, 1. Bd., 9. Aufl. 1903, S. 200 FN. 2; *Leist,* Untersuchungen, S. 122 f.

30 Zur Qualifikation der Mitgliedschaft als eines Personenrechtsverhältnisses vgl. *Soergel-Siebert-Schultze=v.Lasaulx,* § 38 Anm. 4; *Palandt-Danckelmann,* § 38, Anm. 1.

31 Zur Parallelität von innerem Vereinsrecht und öffentlichem Recht, insbes. dem Recht der öffentlichrechtlichen Korporationen und Anstalten vgl. *O. Mayer,* VerwR I, S. 86 f.; ders., VerwR II, S. 348 f.; *Rosin,* Das Recht der Oeffentlichen Genossenschaft, passim; *Jellinek,* Festschr. z. Feier des fünfzigjährigen Bestehens des Bayer. Verwaltungsgerichtshofs, S. 124, 130 f.; *Huber,* Festg. f. *Maunz,* S. 173, 196 f.

32 Vgl. *Jesch,* Gesetz und Verwaltung, S. 15 f. mit Nachw. in FN. 38.

Postulate weitestgehend vollzogen ist[33], ist die These von der Injustiziabilität vereinsinterner Beziehungen zusammen mit ihren Grundlagen obsolet geworden. Ein Rückgriff auf diese These ist anachronistisch und kann die Unterstellung des verbandlich organisierten Sportbetriebes unter die allgemeine Rechtsordnung nicht in Frage stellen.

Trotz der im Grundsatz unangreifbaren Geltung der allgemeinen Rechtsordnung auch im verbandsinternen Bereich soll nicht in Abrede gestellt werden, daß sich im Einzelfall durchaus die Frage stellen kann, ob einer konkreten Maßnahme noch Rechtscharakter zukommt oder ob sie dem Bereich des rein Sozial-Tatsächlichen zuzuordnen ist. In der Literatur haben sich gerade entschiedene Verfechter einer Verrechtlichung vereins- und verbandsinterner Beziehungen insoweit um eine praktikable Grenzziehung bemüht[34]. Danach ist etwa einer Maßnahme der Rechtsgehalt abzusprechen, wenn die beteiligten Personen in Bezug auf sie keinen Rechtsbindungswillen haben[35], oder aber wenn die Maßnahme in einem Zusammenhang ergeht – man denke nur an die Bereiche der zwischenmenschlichen Beziehungen in der Familie, der Liebe, der Freundschaft und des geselligen Verkehrs –, der wegen seiner Sublimität von der Rechtsordnung nicht erfaßt wird und auch gar nicht erfaßt werden kann[36].

---

33 Besonders instruktiv hierfür ist die Entwicklung des Instituts des besonderen Gewaltverhältnisses. Nachdem es ursprüchlich als ein dem Recht nicht zugänglicher Bereich verstanden wurde, trat eine teilweise Verrechtlichung mit der von *Ule* erarbeiteten Unterscheidung von Grund- und Betriebsverhältnis ein (VVDStRL H. 15 (1957), S. 133, 150 ff.), indem nämlich Maßnahmen, durch welche das Grundverhältnis betroffen wurde, die Eigenschaft von vor den Verwaltungsgerichten anfechtbaren Verwaltungsakten zuerkannt wurde. Neuerdings wird auch das Betriebsverhältnis in immer weitergehendem Maße der Geltung des Rechts unterworfen (vgl. zuletzt für den Strafvollzug BVerfG, NJW 1972, 811).

34 Vgl. *Schlosser*, Vereins- und Verbandsgerichtsbarkeit, S. 86 ff.; *Flume*, Festschr. f. *Bötticher*, S. 101, 122 f.

35 *Heinsheimer*, Mitgliedschaft, S. 76 f.; *Schlosser*, Vereins- und Verbandsgerichtsbarkeit, S. 88 f. Zum rechtlichen Bindungswillen als Unterscheidungsmerkmal zwischen rechtlich verbindlichen und rein sozial-tatsächlichen Verhältnissen vgl. allgemein *Willoweit*, Abgrenzung, S. 30 ff.

36 *Flume*, Allg. Teil, S. 82; *Schlosser*, Vereins- und Verbandsgerichtsbarkeit, S. 88. Kritisch zu den Versuchen, den Rechtsbereich vom rechtsfreien Raum durch Ausgrenzung einzelner gegenständlich bestimmter Lebensbereiche aus dem Recht vorzunehmen: *Willoweit*, a.a.O., S. 26 ff.

Unter diesen Aspekten und aus praktischen Gründen wird man bestimmten im Zusammenhang mit dem Sportbetrieb ergehenden Einzelmaßnahmen – etwa Anweisungen des Trainers oder Schiedsrichterentscheidungen – die Rechtsqualität absprechen müssen. Aus der Injustiziabilität eines Teils der auf den Sportbetrieb bezogenen Entscheidungen läßt sich jedoch nicht der Schluß ziehen, daß der vom DFB organisierte Sportbetrieb in toto dem rechtsfreien, nicht justiziablen Bereich zuzuordnen sei. Der DFB hat selbst, indem er den Erlaß aller wesentlichen, den Sportbetrieb betreffenden Maßnahmen formalisiert hat, insoweit seinen Rechtsbindungswillen unzweideutig zu erkennen gegeben[37]. Insbesondere wäre die Einrichtung des dem DFB-internen Verfahren nachgeschalteten Schiedsverfahrens ohne einen solchen Reohtsbindungswillen nicht verständlich. Schiedsgerichte i.S. der §§ 1025 ff. ZPO – und als solche sind die DFB-Schiedsgerichte gewollt – treten an die Stelle der an sich zuständigen staatlichen Gerichte; ihre Einsetzung setzt also voraus, daß der Einsetzende von der Justiziabilität der dem Schiedsgericht zur Entscheidung übertragenen Streitigkeiten ausgeht.

Es würde auch eine völlige Verzeichnung und Verfälschung der in der Bundesliga herrschenden tatsächlichen Verhältnisse bedeuten, wenn man das Spielgeschehen in der Bundesliga in Verwandtschaft mit einem der oben genannten rechtsfreien, rein gesellschaftlichen Bereiche bringen wollte[38]. Die Bundesliga als DFB-Einrichtung stellt ebenso wie ein jeder der sie konstituierenden Sportvereine ein Unternehmen der Freizeitindustrie dar, von dessen Funktionstüchtigkeit die berufliche Existenz einer Vielzahl von Personen – Spielern, Trainer, hauptamtlichen Vereinsfunktionären – abhängt, und ist als solches wie jedes andere Unternehmen auch an die allgemeine Rechtsordnung gebunden. Deren Geltungsanspruch kann sie sich auch nicht mit dem Hinweis auf die besonderen Erfordernisse und Eigengesetzlichkeiten des Sportbetriebs entziehen.

---

37 *Schlosser,* Vereins- und Verbandsgerichtsbarkeit, S. 88.

38 Daß die Vorstellung einer solchen Verwandtschaft manchen Sportfunktionären nicht ebenso absurd erscheint wie dem Verfasser, erweist sich etwa daran, daß im Kreise von Sportfunktionären auch im Hinblick auf den bezahlten Fußballsport der „wahre Sportsgeist" beschworen wird, obwohl jener eher an die Regeln des showbusiness als an die Ideale der Sportbewegung erinnert. Vor dem Hintergrund einer solchen Einstellung wird es auch verständlich, wenn der DFB selbst im Zuge von Ermittlungsverfahren den Lizenzspielern und Verbandsfunktionären gegenüber einen „Intimität" vermittelnden Verkehrston durchhält, sich etwa der Anrede „Liebe Sportkameraden" bedient.

Durch die Unterstellung auch des Sports unter das Recht wird ein regulärer und geordneter Sportbetrieb nicht verhindert. Ein solcher wird durch ein eventuelles Eingreifen der staatlichen Gerichte mit Hilfe des Erlasses einstweiliger Verfügungen nicht in stärkerem Maße beeinflußt als dies auch durch ebenfalls am „grünen Tisch" getroffene Entscheidungen von DFB-Organen der Fall sein kann. Die von seiten des DFB vorgetragene entgegengesetzte Auffassung geht von der unausgesprochenen Annahme aus, daß die Entscheidungen der DFB-Organe in jedem Falle sachlich richtig, die von den staatlichen Gerichten im Rahmen des einstweiligen Rechtsschutzes erlassenen Beschlüsse bzw. Urteile dagegen sachwidrig seien. Der DFB macht damit zumindest implizit den staatlichen Gerichten zum Vorwurf, sie würden die Interessen der Vereine und die Notwendigkeiten des Sportbetriebes bei ihren Entscheidungen nicht in ausreichendem Maße berücksichtigen. Dieser Vorwurf der Lebensfremdheit, mag er auch in anderen Zusammenhängen vielleicht berechtigt sein, kann aber gerade in dem hier einschlägigen Bereich der Rechtsprechung in vereinsinternen Angelegenheiten nicht zu Recht erhoben werden. Hier haben vielmehr die Anerkennung einer selbständigen Vereinsgewalt durch die Rechtsprechung[39] sowie der von der Rechtsprechung entwickelte Grundsatz der nur beschränkten Nachprüfbarkeit von Vereinsmaßnahmen[40] in der neueren Literatur Anlaß zu der kritischen Frage gegeben, ob nicht die Rechtsprechung in der Respektierung innerverbandlicher rein sozialer Tatsächlichkeiten zum Nachteil eines gerechten Interessenausgleichs innerhalb der Vereine und Verbände eher zu weit gegangen sei und damit einer Exemtion innerverbandlicher Beziehungen aus der Gesamtrechtsordnung in unzulässiger Weise Vorschub geleistet habe[41].

Die vom DFB beanspruchte Herausnahme des Sportbetriebs aus der allgemeinen Rechtsordnung läßt sich demnach unter keinem rechtlichen Gesichtspunkt rechtfertigen. Sport kann rechtens wie jede andere Lebensbetätigung auch nur innerhalb der Grenzen des Rechts stattfinden. Ebensowenig wie es einem Wirtschaftsunternehmen oder einer politischen Partei gestattet werden kann,

---

39 BGHZ 13, 5, 11; BGHZ 21, 370, 374; OLG Karlsruhe, OLGZ 1970, 300, 302.

40 Vgl. hierzu ausführlich *Meyer-Cording*, Vereinsstrafe, S. 107 ff.; *Groscurth*, S. 62 ff.

41 *Beuthien*, BB 1968, Beil. 12 zu H. 33; *Flume*, Festschr. f. *Bötticher*, S. 101 ff.; *Dütz*, Rechtsstaatlicher Gerichtsschutz, S. 271 ff.; *Vollmer*, Satzungsmäßige Schiedsklauseln, S. 36 ff.; *Schlosser*, Vereins- und Verbandsgerichtsbarkeit, S. 99 ff.; *Weitnauer*, Festschr. f. *Reinhardt*, S. 179, 195 f.; *Westermann*, Verbandsstrafgewalt, S. 100 ff.

die besonderen Gesetze des Wirtschaftslebens bzw. die besonderen Regeln des politischen Kampfes gegen den Geltungsanspruch des allgemeinen Rechts auszuspielen, kann sich der DFB bezüglich des von ihm verwalteten Sozialbereichs „bezahlter Fußballsport" unter Hinweis auf dessen vermeintliche oder wirkliche Gesetzlichkeit außerhalb der allgemeinen Rechtsordnung stellen. Es ist deshalb nicht schon qua Natur der Sache unzulässig, wenn Lizenzspieler gegen auf den Sportbetrieb bezogene verbandliche Maßnahmen des DFB vor den staatlichen Gerichten im Klagewege oder im Wege eines Antrags auf Erlaß einer einstweiligen Verfügung um Rechtsschutz nachsuchen.

## D. Einstweiliger Rechtsschutz und Schiedsvertrag

Die Unzulässigkeit derartiger Rechtsschutzgesuche könnte sich jedoch aus § 1 Abs. 1 des Schiedsgerichtsvertrages zwischen den Lizenzspielern und dem DFB ergeben, wonach über sämtliche Streitigkeiten zwischen dem DFB und den Lizenzspielern, die sich aus der Zulassung als Lizenzspieler, der Betätigung in der Bundesliga und dem Entzug der Berechtigung zur Betätigung in der Bundesliga ergeben, ein Schiedsgericht zu entscheiden hat[42]. Gemäß § 274 Abs. 2 Ziff. 3 ZPO wäre wegen dieses Schiedsvertrages eine Klage in der Hauptsache unzulässig. Ob es sich mit Anträgen auf den Erlaß einstweiliger Verfügungen ebenso verhält, läßt sich nicht mit derselben Selbstverständlichkeit beantworten, da § 274 ZPO darüber unmittelbar keine Aussage enthält. Im Ergebnis stimmen jedoch Rechtsprechung und Schrifttum in seltener Einmütigkeit darin überein, daß die Einrede des Schiedsvertrages anders als einer Klage in der Hauptsache dem Antrag auf Erlaß eines Arrestes oder einer einstweiligen Verfügung nicht entgegengehalten werden kann. Andernfalls würde dem Antragsteller die Möglichkeit einstweiligen Rechtsschutzes überhaupt genommen, da einem Schiedsgericht der Erlaß von Arresten und einstweiligen Verfügungen versagt ist[43].

Obwohl die von der herrschenden Meinung hierfür vorgebrachten Argumente überzeugend sind, und der DFB auch gar nicht erst versuchte, sie zu widerlegen, sollen sie hier im einzelnen noch einmal kurz erörtert werden, da sie immerhin vom DFB ignoriert wurden, indem dieser sich zur Begründung der Unzulässigkeit der von verschiedenen Lizenzspielern bei ordentlichen Gerichten

---

42 Die Rechtswirksamkeit dieses Vertrages wird in diesem Zusammenhang unterstellt, obwohl sie unter dem Gesichtspunkt des § 1025 Abs. 2 ZPO zu verneinen ist; vgl. *Nicklisch*, BB 1972, 1285, 1290.

43 RGZ 31, 370, 374 ff.; BGH, ZZP 71, 427, 436; OLG Frankfurt, NJW 1959, 1088.– *Wieczorek*, § 943 Anm. A II; *Stein-Jonas-Pohle*, 18. Aufl., § 943 Anm. I, § 1025 Anm. V 1; *Stein-Jonas-Schlosser*, 19. Aufl., § 1025 Anm. V 1 zu FN. 105; *Baumbach/Schwab*, Schiedsgerichtsbarkeit, S. 79; *Rosenberg*, Lehrb. des dt. Zivilprozeßrechts, S. 845.

angebrachten Anträge auf Erlaß einstweiliger Verfügungen auf die hier fragliche Schiedsklausel berief[44].

Gegen die Anwendbarkeit des § 274 Abs. 2 Ziff. 3 ZPO auf Arreste und einstweilige Verfügungen spricht zunächst, daß Schiedssprüche, wie sich aus § 1042 ZPO ergibt, nicht ohne weiteres vollstreckbar sind, und daß ihnen die Vollstreckbarkeit auch nicht durch Parteivereinbarung verliehen werden kann, da das Gesetz Parteivereinbarungen nur in ganz begrenztem Umfange und nur für Endregelungen, nämlich für Vergleiche (§ 794 Abs. 1 Ziff. 1 ZPO) und vollstreckbare Urkunden (§ 794 Abs. 1 Ziff. 5), als genügende Grundlage für die Vollstreckung anerkennt[45]. Sind nun aber von einem Schiedsgericht erlassene einstweilige Verfügungen nicht sofort vollstreckbar, so stellen sie sich auch nicht als adäquater Ersatz für von staatlichen Gerichten im Rahmen des einstweiligen Rechtsschutzes getroffene vorläufige Maßnahmen dar.

Gegen die Anwendbarkeit des § 274 Abs. 1 Ziff. 3 ZPO spricht weiterhin der Eilcharakter von vorläufigen Rechtsschutzmaßnahmen. Die Aufgabe des vorläufigen Rechtsschutzes besteht darin, den Zeitraum von der Entstehung des Rechtsstreits bis zu Gewährung des endgültigen Rechtsschutzes zu überbrücken und im Wege einer Zwischenregelung zu verhindern, daß der Antragsteller bis zur endgültigen Entscheidung nicht wiedergutzumachende Nachteile erleidet[46]. Dieser Zweck kann nur erreicht werden, wenn die Zwischenregelung besonders rasch getroffen wird. Zu einem hinreichend schnellen Eingreifen ist aber ein Schiedsgericht aus rechtlichen und tatsächlichen Gründen nicht imstande. So muß im Falle des zwischen dem DFB und den Lizenzspielern vereinbarten Schiedsverfahrens nach § 2 des Schiedsvertrages das aus drei Personen bestehende Schiedsgericht wie jedes „Gelegenheitsschiedsgericht" im Falle der Entstehung einer Streitigkeit erst gebildet werden. Der Prozeß der Bildung des Schiedsgerichts kann aber zumindest in dem Fall, daß sich die Parteien auf einen Vorsitzenden nicht einigen können und dieser deshalb vom Oberlandesgerichtspräsidenten bestimmt werden muß[47], längere Zeit in Anspruch nehmen.

---

44 Vgl. oben FN. 27.

45 *Erman*, Festschr. f. *Möhring*, S. 3, 13.

46 *Leipold*, Grundlagen, S. 83 f.

47 Vgl. § 2 Abs. 2 Satz 3 des Schiedsgerichtsvertrages sowie § 1029 Abs. 2 ZPO.

Selbst wenn das Schiedsgericht im Zeitpunkt der Entstehung des Streits, d.h. in den hier interessierenden Fällen zum Zeitpunkt des erstinstanzlichen Ausspruchs einer Sperre oder eines Lizenzentzugs, bereits konstituiert wäre, müßte es erst einberufen werden. Auch dies bedürfte angesichts der sonstigen beruflichen Tätigkeit der Schiedsrichter einer gewissen Zeit. Außerdem könnte die für die Vollstreckung eines endlich gefällten Schiedsspruches gemäß § 1042 ZPO erforderliche Vollstreckbarkeitserklärung erst nach vorheriger Anhörung des Gegners erfolgen (§ 1042 a ZPO). Die erheblichen Zeitverzögerungen, mit welchen aus diesen Gründen beim Erlaß einstweiliger Verfügungen durch ein Schiedsgericht zu rechnen wäre, sind mit dem Charakter des einstweiligen Rechtsschutzes als einer Eilregelung nicht zu vereinbaren.

Abgesehen von diesen beiden Hauptargumenten – mangelnde Vollstreckbarkeit von Schiedssprüchen und der Gedanke der Eilbedürftigkeit – verbietet sich der Erlaß von einstweiligen Verfügungen durch Schiedsgerichte auch aufgrund von wesentlichen Unterschieden der Verfahrensgrundsätze für das Schiedsgerichtsverfahren einerseits und für das einstweilige Verfügungsverfahren vor den staatlichen Gerichten andererseits. So gilt zum Beispiel im schiedsrichterlichen Verfahren zwingend der Grundsatz des rechtlichen Gehörs (§ 1041 Abs. 1 Ziff. 4 ZPO), während Arreste und einstweilige Verfügungen auch ohne Anhörung des Gegners erlassen werden können (§§ 920, 921, 922, 936 ZPO). Wäre der Gesetzgeber von der Zulässigkeit einstweiligen Rechtsschutzes durch Schiedsgerichte ausgegangen, so hätte es nahegelegen, eine Ausnahme von diesem Grundsatz gesetzlich festzulegen. Weitere wesentliche Unterschiede zwischen den beiden Verfahren bestehen darin, daß die Glaubhaftmachung des geltend gemachten Anspruchs anders als im einstweiligen Verfügungsverfahren im schiedsrichterlichen Verfahren als Beweis nicht genügt[48], daß Schiedssprüche auch bei einem mehrstufigen Schiedsgerichtsverfahren nicht für vorläufig vollstreckbar erklärt werden können[49] und daß schließlich ganz verschiedenartige Aufhebungsgründe für beide Verfahrensarten gesetzlich normiert sind[50].

---

48 *Baumbach/Schwab*, Schiedsgerichtsbarkeit, S. 41; *Erman*, Festschr. f. *Möhring*, S. 3, 15.

49 *Baumbach/Schwab*, a.a.O., S. 169; *Erman*, a.a.O., S. 3, 15.

50 Vgl. einerseits § 1041 ZPO, andererseits §§ 923, 925, 927, 936, 939 ZPO.

Aus all diesen Erwägungen heraus kann man mit der ganz herrschenden Meinung zu keinem anderen Ergebnis kommen, als daß durch eine Schiedsvereinbarung der Erlaß einer einstweiligen Verfügung durch ein staatliches Gericht nicht ausgeschlossen wird.

# E. Einstweiliger Rechtsschutz und „Erschöpfungsgrundsatz"

Nachdem sich demnach erwiesen hat, daß sich die Gewährung einstweiligen Rechtsschutzes weder aufgrund der besonderen Natur verbandsinterner Beziehungen als solcher noch aufgrund etwaiger spezieller Erfordernisse des jeweils verbandlich organisierten Sozialbereichs, hier des bezahlten Fußballsports, verbietet und daß Anträgen auf den Erlaß einstweiliger Verfügungen auch nicht die Einrede des § 274 Abs. 2 Ziff. 3 ZPO entgegengehalten werden kann, muß die Möglichkeit, gegen belastende Verbandsmaßnahmen sofort um einstweiligen Rechtsschutz vor den staatlichen Gerichten nachzusuchen, nur noch gegenüber der Geltung des oben erwähnten sogenannten Erschöpfungsgrundsatzes gerechtfertigt werden. Dieser Grundsatz dürfte sich in vielen Fällen als das am schwersten zu überwindende Hindernis auf dem Weg zur Gewährung einstweiligen staatsgerichtlichen Rechtsschutzes darstellen. Denn wie in den DFB-Satzungen und Ordnungen so werden in zahlreichen anderen Vereins- und Verbandssatzungen den Mitgliedern zur Anfechtung von sie belastenden Maßnahmen vereinsinterne Rechtsbehelfverfahren zur Verfügung gestellt, und in all diesen Fällen erscheint, da nach einer nahezu unbestrittenen Meinung die staatlichen Gerichte vor Erschöpfung dieser Verfahren nicht angerufen werden können, der Schluß nahezu selbstverständlich, daß dies auch für Anträge auf den Erlaß einstweiliger Verfügungen gelten müsse.

## I. Zur Geltung des Erschöpfungsgrundsatzes für Klagen in der Hauptsache

Das damit umrissene Problem stellt sich jedoch nur unter der Voraussetzung, daß der Erschöpfungsgrundsatz überhaupt gilt, daß ihm also nicht schon in seinem auf Klagen in der Hauptsache beschränkten ursprünglichen Anwendungsbereich die Geltung zu versagen ist (1.).

In dem besonderen Fall des Rechtsschutzes der Lizenzspieler gegen sie belastende Maßnahmen des DFB könnte sich das Problem „einstweiliger Rechtsschutz und Erschöpfungsgrundsatz" auch deshalb als Scheinproblem herausstellen, weil der Erschöpfungsgrundsatz in der Ausprägung, die er in Rechtsprechung und Literatur erfahren hat, ein typisch vereins- bzw. verbandsrechtliches Rechtsinstitut ist, die Lizenzspieler aber weder unmittelbar noch mittelbar über irgendwelche Vermittlungsbestimmungen Mitglieder des DFB sind. Möglicherweise folgt daraus, daß die Lizenzspieler von dem Erfordernis der Ausschöpfung aller vereinsinternen Instanzen vor Anrufung der ordentlichen Gerichte ebensowenig wie irgendwelche andere, völlig außerhalb stehende Personen betroffen sind (2.).

### *1. Grundsätzliche Geltung*

Die grundsätzliche Geltung des Erschöpfungsgrundsatzes ist auch für Klagen in der Hauptsache weniger selbstverständlich als es nach den zahlreichen und ausnahmslos positiven Stellungnahmen in der Rechtsprechung und Literatur den Anschein haben könnte. Denn die dogmatischen Begründungen, welche für das Erfordernis der Ausschöpfung der vereinsinternen Instanzen vor Anrufung der staatlichen Gerichte angeführt werden, sind nicht durchweg überzeugend. In der Literatur wird zum Teil versucht, das Ergebnis mit einem in der Satzung liegenden privatautonom vereinbarten temporären Ausschluß des staatlichen Rechtsschutzes zu begründen[51]. Dies überzeugt aus zwei Gründen nicht: einmal knüpft der Erschöpfungsgrundsatz gar nicht an eine solche den Rechtsschutz verkürzende Satzungsklausel an, sondern gilt unabhängig davon, ob nach dem Willen der Satzung eine vorherige Anrufung der staatlichen Gerichte ausgeschlossen sein soll oder nicht. Zum anderen würde eine Satzungsbestimmung, durch welche der Rechtsschutz zeitweise ausgeschlossen würde, der im Vergleich zum allgemeinen Vertragsrecht verschärften Inhaltskontrolle, welcher Satzungen und allgemeinen Geschäftsbedingungen gleichermaßen unterliegen, nicht standhalten können. Ebenso wie es unzulässig wäre, wenn etwa in den allgemeinen Geschäftsbedingungen der Kraftfahrzeugindustrie vorgesehen würde, daß bei Meinungsverschiedenheiten über Garantieleistungen vor Klageerhebung zunächst in erster Instanz die Zuständige Werksniederlassung und in zweiter Instanz eine beim Herstellerwerk dafür eingerichtete Stelle angerufen werden müsse, wäre es auch als unwirksam anzusehen, wenn mächtige Verbände, wie beispielsweise der DFB, in ihren Satzungen – aus der Sicht der Mitglieder also formularmäßig – einen temporären Rechtswegausschluß statuierten:

---

51 *Scheyhing,* JZ 1958, 343; *Schlosser,* MDR 1967, 884, 889; ders., Einverständliches Parteihandeln, S. 68; ders., Vereins- und Verbandsgerichtsbarkeit, S. 127.

Auch das weiterhin zur Begründung des Erschöpfungsgrundsatzes vorgebrachte Argument, eine vorzeitig erhobene Klage sei mangels Rechtsschutzbedürfnisses abzuweisen[52], kann in den Fällen, in denen der Einlegung vereinsinterner Rechtsbehelfe die aufschiebende Wirkung versagt ist, den Grundsatz nicht rechtfertigen. Wenn Strafen oder sonstige belastende Maßnahmen bereits vor ihrer Bestätigung durch das vereinsintern letztinstanzlich zuständige Organ – zumindest faktisch – vollstreckt werden, so kann man angesichts der oben geschilderten erheblichen Auswirkungen einer solchen vorläufigen Vollstreckung das Fehlen des Rechtsschutzbedürfnisses nicht ernsthaft mit der Behauptung begründen, die von der Maßnahme betroffene Person sei noch nicht beschwert, da die Maßnahme durch ein vereinsintern höheres Organ möglicherweise ja wieder aufgehoben werde.

Ebensowenig wie aus dem vermeintlichen Fehlen einer Beschwer ergibt sich ein mangelndes Rechtsschutzbedürfnis daraus, daß in Gestalt des vereinsinternen Verfahrens ein im Verhältnis zur Klage vor den staatlichen Gerichten einfacheres Verfahren zur Beseitigung der belastenden Maßnahme zur Verfügung steht. Denn die vereinsinternen Verfahren zur Überprüfung von Vereinsmaßnahmen sind materiell gesehen private Verwaltungsverfahren, die sich von den Klageverfahren vor den staatlichen Gerichten qualitativ unterscheiden und diese deshalb nicht ersetzen können.

Trotz dieser offensichtlichen Unzulänglichkeiten der für den Erschöpfungsgrundsatz gegebenen dogmatischen Begründungen wird man dem Grundsatz mit der ganz herrschenden Meinung im Ergebnis die Berechtigung nicht absprechen können. Die Schwächen der dogmatischen Begründungen beruhen darauf, daß letztere mit Begriffen und Rechtsfiguren arbeiten, die auf individual-privatrechtliche bzw. vertragsrechtliche Beziehungen zugeschnitten sind, und deshalb den Besonderheiten innerverbandlicher Rechtsbeziehungen nicht gerecht werden können. Unter Berücksichtigung der besonderen Struktur dieser Beziehungen erscheint die Anwendung des Erschöpfungsgrundsatzes im Hinblick auf die berechtigten Interessen der Vereine[53] nicht nur zweckmäßig, sondern auch zwingend geboten. Es würde einen vorzeitigen und daher unge-

---

52 *v. Tuhr,* Allg. Teil, Bd. 1, S. 546; *Stahlhacke,* RdA 1953, 306, 307; *Bauernfeind,* Mitgliedschaft, S. 77 zu FN. 23.

53 Vgl. RGZ 85, 355, 357; RG, JW 1936, 2071, 2072; BGHZ 13, 5, 16.

rechtfertigten Eingriff in das den Vereinen von der Rechtsordnung eingeräumte Selbstverwaltungsrecht bedeuten, wenn die Gerichte dem Ergebnis des mehrfach abgestuften und komplizierten innerverbandlichen Willensbildungsprozesses dadurch vorgriffen, daß sie über die Rechtmäßigkeit oder Rechtswidrigkeit einer noch in der Diskussion befindlichen Maßnahme abschließend entschieden und damit den freien innerverbandlichen Willensbildungsprozeß unterbrächen. Der Erschöpfungsgrundsatz trägt so der Eigenart des mit der internen Willensbildung des Individuums nicht vergleichbaren innerverbandlichen Willensbildungsprozesses Rechnung und erhält daraus seine grundsätzliche Rechtfertigung.

### *2. Geltung im Verhältnis DFB/Lizenzfußballspieler*

Was den besonderen Fall des Verhältnisses der Lizenzfußballspieler zum DFB anbetrifft, so erscheint indessen die Bindung der Lizenzspieler an die DFB-internen Verfahren (mit der Folge der Unzulässigkeit staatlichen Rechtsschutzes vor Abschluß dieser Verfahren) zweifelhaft, da die Lizenzspieler mit dem DFB nicht mitgliedschaftlich, sondern lediglich durch einen individualrechtlichen Vertrag – den Lizenzvertrag – verbunden sind, durch welchen dem Spieler jeweils die Erlaubnis erteilt wird, als Spieler bei einem Bundesliga-Verein an den Spielveranstaltungen der Bundesliga teilzunehmen, während sich andererseits der Spieler verpflichtet, sich gemäß den Statuten und Ordnungen des DFB zu verhalten[54]. In der älteren Rechtsprechung wurde zwar die Möglichkeit einer Bindung auch von Nichtmitgliedern an vereinsinterne Verfahren anerkannt. So hat das Reichsoberhandelsgericht in einer Entscheidung aus dem Jahre 1874 den Vorstandsvorsitzenden einer Aktiengesellschaft auf gesellschaftsinterne Rechtsbehelfsmöglichkeiten verwiesen, da er, obwohl nicht „Mitglied" der Gesellschaft, als deren Angestellter „selbstverständlich" dem Gesellschaftsstatut unterworfen sei[55]. Ebenso hat das Reichsgericht in einem Urteil vom 23. November 1922[56] die Klage eines die Aufnahme in einen Verein begehrenden Klägers mit der Begründung als unzulässig abgewiesen, daß er die gegen die Ablehnung seines Aufnahmeantrages satzungsmäßig möglichen Rechtsbehelfe nicht ausgeschöpft habe. Auch in literari-

54 Vgl. § 2 Satz 1, 2 des Lizenzvertrages (Anhang Nr. 2 zum Bundesligastatut).

55 ROHGE 14, 82, 85.

56 RGZ 106, 120, 127.

schen Stellungnahmen aus jüngster Zeit wurden keine Bedenken gegen die Möglichkeit einer individual-privatrechtlichen Unterwerfung unter die Vereinsgewalt erhoben, sofern sich diese nur als Pendant zur Inanspruchnahme von Verbandseinrichtungen oder Verbandsveranstaltungen darstelle[57]. Das OLG Frankfurt hat jedoch in dem Urteil vom 25./26. April 1973[58] die schrankenlose Zulässigkeit der Begründung von mitgliedschaftsähnlichen Verhältnissen mit Außenstehenden in Frage gestellt, indem es die Anwendbarkeit des spezifisch vereinsrechtlichen Grundsatzes der nur beschränkten Nachprüfbarkeit von Vereinsmaßnahmen auf das Verhältnis zwischen dem DFB und den Lizenzspielern mit der Begründung ablehnte, daß sowohl der DFB als auch die Lizenzspieler mit dem Lizenzvertrag überwiegend wirtschaftliche Austauschinteressen verfolgten. Dementsprechend seien auf das Verhältnis zwischen dem DFB und den Lizenzspielern auch nur die Regeln der allgemeinen „privaten Rechtsordnung und nicht diejenigen der durch die Statuten gegebenen autonomen Rechtsetzung der Vereine" anwendbar. Der kritischen und differenzierenden Stellungnahme des OLG Frankfurt ist insofern prinzipiell zuzustimmen, als es sicher nicht ohne weiteres möglich ist, durch schuldrechtlichen Vertrag Nicht-Mitglieder der Vereinsgewalt zu unterwerfen. Es fragt sich jedoch, ob als maßgebliches Kriterium für die Unzulässigkeit einer Unterwerfung Außenstehender unter die Vereinsgewalt der Umstand anzusehen ist, daß in dem Unterwerfungsvertrag beide Parteien wirtschaftliche Austauschinteressen verfolgen. Die Unterwerfung unter die Vereinsgewalt erhält ihre Legitimation daraus, daß das einzelne Mitglied an der Vereinswillensbildung, d.h. an der Entscheidungsbildung über die Ausübung der Vereinsgewalt, selbst teilhat, so daß es sich jedenfalls mittelbar um eine Selbstbestimmung handelt. Dementsprechend wird man die Unterwerfung Außenstehender unter die Vereinsgewalt – unabhängig davon, ob wirtschaftliche Interessen im Spiele sind oder nicht – nur dann als zulässig anerkennen können, wenn der sich Unterwerfende selbst an der Willensbildung des Vereins und damit an der Ausübung der Vereinsgewalt, soweit er von ihr betroffen wird, ähnlich wie ein Mitglied beteiligt wird. Ob die den Lizenzspielern in § 38 Ziff. 3 der DFB-Satzung für die Verfahren vor dem Sportgericht und Bundesgericht des DFB eingeräumte minimale Mitbestimmungsbefugnis zur Legitimation der Unterwerfung unter

---

57 *Baumann*, S. 42; *Schlosser*, Vereins- und Verbandsgerichtsbarkeit, S. 77.

58 19 U 46/73 (unveröff.).

die DFB-Gewalt ausreicht, erscheint höchst zweifelhaft, soll hier jedoch nicht abschließend entschieden werden. Selbst wenn die Lizenzspieler an den DFB-internen Instanzenzug nicht gebunden sein sollten, so bleibt doch das hier generell zu lösende Problem des Verhältnisses von Erschöpfungsgrundsatz und einstweiligem Rechtsschutz in all den Fällen bestehen, in denen Vereinsmitglieder oder Außenstehende, die sich wirksam der Vereinsgewalt unterworfen haben, um einstweiligen Rechtsschutz vor den ordentlichen Gerichten nachsuchen.

## II. Zur Notwendigkeit der Gewährung einstweiligen Rechtsschutzes durch die staatlichen Gerichte

Auch für Vereinsmitglieder stellt sich jedoch die Frage, ob sie trotz Geltung des Erschöpfungsgrundsatzes vor Abschluß der vereinsinternen Verfahren wenigstens einstweiligen Rechtsschutz vor den staatlichen Gerichten erlangen können, nur dann in voller Schärfe, wenn ihnen keine anderen adäquaten Rechtsbehelfe zur Verfügung stehen sollten.

### *1. Unzulänglichkeit nachträglich gewährten Schadensersatzes*

Unter diesem Gesichtspunkt könnte man zunächst daran denken, daß ein Bedürfnis nach Gewährung einstweiligen Rechtsschutzes durch die staatlichen Gerichte deshalb nicht bestehe, weil es Vereinsmitgliedern ja unbenommen sei, den Verein auf Schadensersatz zu verklagen, sobald – nach Erschöpfung sämtlicher vereinsinterner Verfahren – durch ein staatliches Gericht die Rechtswidrigkeit und damit Unwirksamkeit der angegriffenen Vereinsmaßnahme festgestellt worden ist. Indessen stellt sich bereits im allgemeinen Individual-Privatrecht die Möglichkeit der nachträglichen Geltendmachung von Schadensersatzansprüchen – selbst wenn man einmal von dem Problem ihrer tatsächlichen Realisierbarkeit absieht – nicht als ein adäquater Ersatz für die Gewährung präventiven Rechtsschutzes dar. Auf diese Erkenntnis ist es etwa zurückzuführen, daß von Rechtsprechung und Literatur über die einzelnen gesetzlichen Regelungen hinaus die allgemeine Unterlassungsklage zugelassen wurde. Für den Bereich des Vereinsrechtes ist außerdem zu berücksichtigen, daß eine „Vertröstung" der Vereinsmitglieder auf eventuelle Schadensersatzansprüche nicht nur für diese unbefriedigend ist, sondern auch den eigenen Interessen der Vereine zuwiderläuft. Dies läßt sich an einem exemplarischen und besonders instruktiven Fall aus der amerikanischen Rechtsprechung verdeutlichen[59]: Die Führer einer oppositionellen Gruppe innerhalb einer Gewerkschaft wurden im Frühjahr 1953 aus dieser Gewerkschaft ausgeschlossen. Nach einigen ergebnislosen Bemühungen, gewerkschaftsintern eine Suspendierung des Ausschließungsbeschlusses zu erreichen, suchten die Betroffenen bei einem staatlichen Gericht erfolglos um den Erlaß einer einstweiligen Verfügung nach. Die nach Abschluß des vereinsinternen Vorverfahrens erhobene Klage wurde im September 1955 abgewiesen und auf die Berufung hin wurde endlich im Jahre 1957 die Unwirksamkeit des Ausschlusses festgestellt und den Klägern, die aufgrund des Ausschlusses ihren Arbeitsplatz verloren hatten, Schadensersatz zugesprochen. Die Folge war, daß die Gewerkschaft mit einer ganz erheblichen Schadensersatzforderung belastet war und die Gerichte sich für weitere zwei Jahre mit Prozessen über die Höhe der entstandenen Schäden zu beschäftigen hatten.

An diesem Fall erweist sich mit aller Deutlichkeit, daß die Beschränkung des Rechtsschutzes der Vereinsmitglieder auf die Geltendmachung von Schadensersatzansprüchen weder deren eigenen Interessen noch denen des Vereins gerecht würde.

### 2. *Keine aufschiebende Wirkung der Einlegung vereinsinterner Rechtsbehelfe*

Ein Bedürfnis nach Gewährung einstweiligen Rechtsschutzes durch die staatlichen Gerichte würde jedoch auch entfallen, falls der Einlegung vereinsinterner Rechtsbehelfe ipso iure aufschiebende Wirkung zukommen sollte. Unter dieser Voraussetzung bestünde für Anträge auf den Erlaß einstweiliger Verfügungen kein Rechtsschutzinteresse, da vor Abschluß der vereinsinternen Verfahren für das betroffene Mitglied keine nachteiligen Folgen einträten.

Von der Voraussetzung, daß die Einlegung eines vereinsinternen Rechtsbehelfs gegen eine belastende Vereinsmaßnahme generell deren Suspension zur Folge habe, geht ein Teil der einschlägigen moderneren Literatur aus[60]. Diese Auffassung kann sich auf die Rechtsprechung des ehemaligen Reichsoberhandelsgerichtes berufen. Dieses hat in einem Urteil vom 7. März 1877 in einem genossenschaftsrechtlichen Fall ausgesprochen, daß die Ausschlußverfügung des

---

59 *Madden v. Atkins* 174 N.Y.F. 2 d, 633, 151 N.E. 2 d, 73 (1958).

60 *Meyer-Cording,* Vereinsstrafe, S. 87; *Schlosser,* Vereins- und Verbandsgerichtsbarkeit, S. 212 zu Anm. 1131.

Vorstandes als Verwaltungsmaßregel nach Maßgabe der Statuten (nur) solange zurecht bestehe, als nicht das oberste Organ der Genossenschaft durch die Beschwerde des ausgeschlossenen Mitgliedes mit der Sache befaßt wird[61]. Derselbe Gedanke klingt auch in der grundlegenden Entscheidung des Reichsgerichts vom 22. Oktober 1914[62] an, wenn es dort heißt, „daß im Falle der Anrufung bis zur Entscheidung der höchsten dafür vorgesehenen Vereinsinstanz die Ausschließung nicht als endgültig beschlossen gelten darf". Bei dieser Entscheidung erscheint es allerdings bereits zweifelhaft, ob sie für die Meinung, daß der Einlegung vereinsinterner Rechtsbehelfe ipso iure aufschiebende Wirkung zukomme, in Anspruch genommen werden darf[63]. Möglicherweise soll durch den oben zitierten Satz lediglich zum Ausdruck gebracht werden, daß die erstinstanzliche Entscheidung unbeschadet ihrer Wirksamkeit unter dem Vorbehalt einer späteren Aufhebung durch die höhere Instanz stehe.

In der Folgezeit jedenfalls ging die Rechtsprechung in Widerspruch zu dem Urteil des Reichsoberhandelsgerichts vom 7. März 1877 – und möglicherweise auch in Widerspruch zu dem Urteil des Reichsgerichts vom 22. Oktober 1914 – unausgesprochen davon aus, daß erstinstanzliche Vereinsentscheidungen trotz ihrer vereinsinternen Anfechtung zunächst, d.h. bis zu ihrer eventuellen Aufhebung, wirksam blieben. Die Konsequenz hieraus, daß nämlich dem Vereinsmitglied bereits aufgrund der erstinstanzlichen Vereinsmaßnahme Nachteile entstehen konnten, es ihm aber wegen der Geltung des Erschöpfungsgrundsatzes dennoch zunächst versagt blieb, klageweise gegen die Maßnahme vorzugehen, wurde in einigen Entscheidungen ausdrücklich in Kauf genommen[64].

So unbefriedigend diese Entscheidungen im Ergebnis unter dem Gesichtspunkt des Anspruchs der Mitglieder auf effektiven Rechtsschutz auch sein mögen, so ist ihnen doch darin beizupflichten, daß der Einlegung verbandsinterner Rechtsbehelfe nicht ipso iure aufschiebende Wirkung zuerkannt werden kann. Es ist nicht zu leugnen, daß die Vereine unter bestimmten Voraussetzungen

---

61 ROHGE 22, 103, 106.

62 RGZ 85, 355, 356.

63 So aber *Meyer-Cording*, Vereinsstrafe, S. 87 Fn. 65; *Schlosser*, Vereins- und Verbandsgerichtsbarkeit, S. 212 Anm. 1131.

64 OLG Dresden, Seuff.Arch. 66 Nr. 145 S. 287, 288; KG, OLGRspr. 24, 245. Zust. *Heinsheimer*, Mitgliedschaft, S. 49 unter Hinweis auf die Regelung des § 68 Abs. 4 GenG; *Beyer*, S. 74.

ein berechtigtes Interesse daran haben können, daß eine Maßnahme bereits vor Abschluß des vereinsinternen Verfahrens vollstreckt wird. Diesem – durch § 68 Abs. 4 GenG für einen speziellen Fall gesetzlich anerkannten – Interesse könnte aber unter der Voraussetzung eines kraft Gesetzes an die Einlegung vereinsinterner Rechtsbehelfe geknüpften Suspensiveffektes nicht hinreichend Rechnung getragen werden. Im übrigen würde auch bei einer ex lege eintretenden aufschiebenden Wirkung dieser Rechtsbehelfe das hier zu untersuchende Problem lediglich verschoben, nicht aber endgültig gelöst. Denn in all den nicht auszuschließenden Fällen, in denen die Vereine dennoch bereits erstinstanzliche Entscheidungen vollstrecken würden, stellte sich erneut die Frage, auf welche Weise den Mitgliedern hiergegen Rechtsschutz gewährt werden könnte.

## III. Zulässigkeit einstweiligen gerichtlichen Rechtsschutzes

Nach alledem kann für Vereinsmitglieder hinreichender Rechtsschutz gegen sie belastende Vereinsmaßnahmen – sofern die Vereine nicht von sich aus in ihren Satzungen den internen Rechtsbehelfen aufschiebende Wirkung zuerkannt haben – nur dadurch gewährleistet werden, daß den Mitgliedern die Möglichkeit eingeräumt wird, trotz Geltung des Erschöpfungsgrundsatzes für Klagen in der Hauptsache schon vor Abschluß der vereinsinternen Rechtsbehelfsverfahren bei den staatlichen Gerichten um einstweiligen Rechtsschutz nachzusuchen. Die Zulässigkeit einstweiligen Rechtsschutzes bedarf nun allerdings der Rechtfertigung gegenüber dem Plausibilitätsargument, daß Anträge auf einstweiligen Rechtsschutz nicht zulässig sein könnten, wenn gleichzeitig Klagen in der Hauptsache ausgeschlossen seien.

### *1. Meinungsstand in Rechtsprechung und Literatur*

Die Frage, ob der Erschöpfungsgrundsatz auf das Gebiet des einstweiligen Rechtsschutzes zu erstrecken sei, wurde bisher weder höchstrichterlich entschieden noch literarisch erörtert. Es liegen hierzu lediglich vereinzelt gebliebene Entscheidungen unterer Gerichte vor, die ausnahmslos mit Selbstverständlichkeit von der Geltung des Erschöpfungsgrundsatzes auch für Anträge auf den Erlaß einstweiliger Verfügungen ausgehen und dementsprechend eine Auseinandersetzung mit der Frage, ob die diesen Grundsatz bezüglich Klagen in der Hauptsache tragenden Gründe auch insoweit zutreffen, vermissen lassen. So hat das LG Bochum in einem aus dem Jahre 1959 stammenden Urteil den Antrag eines Aufsichtsratsmitgliedes einer Wohnstättengenossenschaft, mit welchem dieses im Wege einer einstweiligen Verfügung die Aussetzung des gegen ihn beim Vorstand anhängigen Ausschließungsverfahrens begehrte, mit der Begründung zurückgewiesen, das ordentliche Gericht könne erst entscheiden, wenn die genossenschaftsinternen Rechtsbehelfe ausgeschöpft seien[65]. Mit demselben Hinweis auf die Geltung des Erschöpfungsgrundsatzes hatte bereits das OLG Stuttgart im Jahre 1955 eine einstweilige Verfügung aufgehoben, durch welche einem Mitglied des ADAC noch vor Abschluß des verbandsinternen Einspruchsverfahrens vorläufiger Rechtsschutz gegen seine Ausschließung gewährt worden war[66].

Eine genaue Parallele finden die beiden genannten Entscheidungen in einem Urteil des LAG Freiburg aus dem Jahre 1929, in welchem dieses den Erlaß einer einstweiligen Verfügung vor Abschluß des einer Klage vorgeschalteten administrativen Vorverfahrens[67] abgelehnt hatte[68].

Auch in den bisher zum Bundesliga-Skandal ergangenen gerichtlichen Entscheidungen wurde die Geltung des Erschöpfungsgrundsatzes nicht grundsätzlich in Frage gestellt. Zwar hat das LG Frankfurt/Main durch Beschluß vom 20.6. 1972[69] im Wege einer einstweiligen Verfügung eine gegen einen Spieler gemäß § 12 RuVO verhängte vorläufige Sperre aufgehoben, noch bevor über den hiergegen von dem betroffenen Spieler vereinsintern eingelegten Widerspruch entschieden war. Es ging hierbei jedoch ebenso wie in dem Urteil v. 20.7.1972, durch das die einstweilige Verfügung wieder aufgehoben wurde, von der Geltung des Erschöpfungsgrundsatzes aus und verwarf den Antrag auf den Erlaß

65 LG Bochum, NJW 1959, 1926, 1927.

66 OLG Stuttgart, NJW 1955, 833, 834 = DRspr. I (110) 34 a.

67 Vgl. zur Zulässigkeit solcher Vorverfahren BVerfG 4, 387, 409; 8, 240, 246; BGHZ 32, 1, 5; *Friesenhahn*, Festschr. f. *Thoma*, S. 21, 30 f.; *Bachof*, ZZP 65, 1, 9; *Kern*, JZ 1960, 244, 246; *Rosenberg*, Lehrb. des dt. Zivilprozeßrechts, S. 37; *Blomeyer*, Zivilprozeßrecht, S. 20 FN. 3; *Stein-Jonas-Pohle*, 19. Aufl., Vorbem. II B 2 vor § 1; *Dütz*, Rechtsstaatlicher Gerichtsschutz, S. 201 ff. *A.A. Kern*, Gerichtsverfassungsrecht, S. 9; *Bettermann*, AöR 92, 496, 499; *Zöller-Karch*, § 13 GVG Anm. IV 3.

68 LAG Freiburg, JW 1930, 3019 mit zust. Anm. *Vortisch;* vgl. auch *Stein-Jonas-Pohle*, 18. Aufl., Vorbem. I 1 a vor § 916; *Rosenberg*, Lehrb. des dt. Zivilprozeßrechts, S. 1089, 1106. *A.A. Jaschkowitz*, JW 1928, 3209; *Jonas*, Arb. Rspr. 1929, 241.

69 2/15 O 332/72 (unveröff.).

einer einstweiligen Verfügung nur deshalb nicht als unzulässig, weil es eine der durch Literatur und Rechtsprechung entwickelten Ausnahmen vom Erschöpfungsgrundsatz[70] als gegeben ansah: Der DFB hatte nämlich auf den Widerspruch des Spielers hin nicht unverzüglich einen Termin zur mündlichen Verhandlung über diesen Widerspruch bestimmt.

In einem Urteil vom 2. November 1972[71] hat dasselbe Gericht, die Geltung des Erschöpfungsgrundsatzes wiederum voraussetzend, den Erlaß einer einstweiligen Verfügung vor Abschluß sämtlicher DFB-interner Rechtsbehelfsverfahren nur deshalb für zulässig erachtet, weil sich der Antragsteller in diesem Falle nur gegen die Anordnung der sofortigen Wirksamkeit der gegen ihn verhängten Sperre wandte. Gegen diese Anordnung ist jedoch weder in der Satzung noch in der Rechts- und Verfahrensordnung des DFB ein Rechtsbehelf vorgesehen, so daß im Zeitpunkt der gerichtlichen Entscheidung insofern der vereinsinterne Rechtsweg bereits erschöpft war[72].

Zur Lösung des grundsätzlichen Problems, wieweit der Geltungsbereich des Erschöpfungsgrundsatzes reicht, tragen auch die eben referierten neueren Entscheidungen nichts bei. Durch die „Durchlöcherung" des Erschöpfungsgrundsatzes durch tatbestandlich mehr oder weniger genau umrissene Ausnahmen werden die infolge der Geltung dieses Grundsatzes auftauchenden Probleme nicht gelöst. Denn bei einer Vermehrung der Ausnahmen bestünde die Gefahr, daß der Erschöpfungsgrundsatz, wie dies zum Beispiel in der amerikanischen Rechtsprechung schon geschehen ist[73], schließlich völlig ausgehöhlt würde, und daß die Vorteile, welche er den Vereinen und deren Mitgliedern bietet, verlorengingen. Im umgekehrten Falle der Einschränkung der Ausnahmen

---

70 Zu den in Rechtsprechung und Literatur anerkannten Ausnahmen vom Erschöpfungsgrundsatz vgl. *Meyer-Cording*, Vereinsstrafe, S. 87; *Groscurth*, S. 23 f.; *Palandt-Danckelmann*, § 25 Anm. 3 b.

71 2/15 O 622/72 (unveröff.).

72 Auch das OLG Frankfurt hatte keine Veranlassung, sich in seinem Urteil v. 25./26.4.1973 (vgl. oben FN. 58) mit dem Problem des Verhältnisses von Erschöpfungsgrundsatz und einstweiligem Rechtsschutz auseinanderzusetzen, da zum Zeitpunkt seiner Entscheidung die DFB-internen Rechtsbehelfsverfahren bereits abgeschlossen waren.

73 Vgl. dazu insbesondere *Clyde W. Summers*, Legal Limitations on Union Discipline 64 Harv.L.Rev. 1090, 1092 (1951) mit weiteren Nachw.

würde der Konflikt zwischen dem Erschöpfungsgrundsatz und dem Bedürfnis nach Rechtsschutz, der durch die Zulassung von Ausnahmen an sich aufgelöst werden soll, notwendigerweise in verschärftem Maße wieder auftreten.

Der vom LG Frankfurt in dem Urteil vom 2.11.1972[74] für den konkret zu entscheidenden Fall beschrittene Lösungsweg wiederum versagt in all den Fällen, in denen die sofortige Wirksamkeit einer belastenden Vereinsmaßnahme nicht durch besonderen Akt, der seinerseits dem Instanzenzug nicht unterliegt, angeordnet wird, sondern bereits kraft Satzung eintritt.

Die einschlägige Literatur bietet ein Spiegelbild der Rechtsprechung und ist deshalb für die Lösung des Problems ebenso unergiebig wie diese. Soweit sich überhaupt Stellungnahmen finden, gehen diese entweder implizit, indem sie nämlich die oben erwähnte Entscheidung des OLG Stuttgart[75] als Beleg für die Geltung des Erschöpfungsgrundsatzes anführen[76], oder aber ausdrücklich[77] von der Erstreckung des Erschöpfungsgrundsatzes auch auf das Gebiet des einstweiligen Rechtsschutzes aus, ohne dies auch nur zu problematisieren.

### 2. *Bedenken gegen die herrschende Meinung wegen konträrer Rechtsentwicklungen in verwandten Rechtsbereichen*

Gegen die völlig unkritische und unreflektierte Anwendung des Erschöpfungsgrundsatzes auch im Bereich des einstweiligen Rechtsschutzes erheben sich erhebliche Bedenken unter dem Gesichtspunkt der aus rechtsstaatlichen Grundsätzen abzuleitenden grundgesetzlichen Garantie eines umfassenden gerichtlichen Privatrechtsschutzes[78]. Denn will man vor den oben skizzierten rechtstatsächlichen Verhältnissen nicht die Augen verschließen, so ist nicht zu verkennen, daß der temporäre Ausschluß auch des einstweiligen Rechtsschutzes

---

74 Vgl. oben FN. 71.

75 Vgl. oben FN. 66.

76 *Nitschke,* Die körperschaftlich strukturierte Personengesellschaft, S. 398 FN. 32; *Schlosser,* Vereins- und Verbandsgerichtsbarkeit, S. 126 Anm. 582; ders., MDR 1967, 884, 889 FN. 52.

77 *Groscurth,* S. 21.

78 Vgl. hierzu *Dütz,* Rechtsstaatlicher Gerichtsschutz, S. 95 ff., 113 mit weit. Nachw. S. 97 FN. 398–403; ders., ZfA 1972, 247, 248; *Leipold,* Grundlagen, S. 2 FN. 3. Nach *Maunz-Dürig-Herzog,* Art. 20 Rdnr. 92 genügt bereits die Gewährung administrativen Privatrechtsschutzes rechtsstaatlichen Minimalanforderungen.

für die Mitglieder zu einer erheblichen Verkürzung, in vielen Fällen im Endergebnis sogar zu einem gänzlichen Ausschluß des Rechtsschutzes führen würde. Man mag sich zwar darüber streiten, ob die grundgesetzliche Garantie eines umfassenden Privatrechtsschutzes den Staat in allen Fällen auch dazu verpflichtet, einstweilige Rechtsschutzformen zur Verfügung zu stellen[79]. Jedenfalls zwingt die verfassungsrechtliche Rechtsschutzgarantie dazu, den Rechtsschutzsuchenden Rechtsschutzmöglichkeiten – wie auch immer sie im einzelnen ausgestattet sein mögen – anzubieten, die es jenen erlauben, die Schaffung vollendeter, nicht mehr wiedergutzumachender Tatsachen zu verhindern, bis eine endgültige gerichtliche Entscheidung vorliegt. Dies folgt aus dem Gebot der Effektivität der Gerichtsschutzgarantie[80] und läßt sich an neueren Rechtsentwicklungen in anderen – dem Vereinsrecht verwandten – Rechtsgebieten aufzeigen, die ebenfalls durch den Gedanken motiviert waren, zu verhindern, daß vor einer rechtskräftigen Entscheidung durch die staatlichen Gerichte faktische Verhältnisse geschaffen werden, die später möglicherweise nicht mehr reparabel sind.

a) § 14 GWB

Hinzuweisen ist in diesem Zusammenhang zunächst auf § 14 GWB. Früher machten Kartelle die Kartellmitgliedschaft häufig davon abhängig, daß Sicherheiten, z.B. Blankowechsel, gestellt wurden, um Geldstrafen, die im Wege des inneren Organisationszwanges möglicherweise später gegen die Mitglieder verhängt werden würden, gegebenenfalls sofort und ohne Zuhilfenahme der ordentlichen Gerichte beitreiben zu können. Wegen der damit verbundenen Gefahr der Schaffung vollendeter Tatsachen hat der Gesetzgeber, wie schon in § 9 der Kartellverordnung von 1923, in § 14 GWB derartige Maßnahmen des inneren Organisationszwanges erlaubnispflichtig, und die Erlaubnis im Interesse des Schutzes der Beteiligten von verschiedenen Voraussetzungen abhängig gemacht. Dieser Neuregelung liegt ebenso wie der hier vertretenen Ausweitung des Rechtsschutzes in vereinsinternen Angelegenheiten der Gedanke zugrunde, daß es zwar zu akzeptieren ist, daß Strafen und sonstige Maßnahmen des inneren Organisationszwanges überhaupt verhängt werden, daß es aber nicht

---

79 Vgl. hierzu *Leipold*, Grundlagen, S. 2 FN. 4 sowie *Dütz*, ZfA 1972, 247, 248 mit weit. Nachw. in FN. 3.

80 Vgl. hierzu *Dütz*, Rechtsstaatlicher Gerichtsschutz, S. 115 ff.

hingenommen werden kann, daß derartige Maßnahmen – wenn ihre Rechtmäßigkeit streitig ist – mittels der der Organisation zustehenden tatsächlichen Macht auch schon in die Realität umgesetzt werden.

b) Einstweiliger Rechtsschutz im Verwaltungsprozeß

Besonders naheliegend ist die Parallele zum einstweiligen Rechtsschutz im Verwaltungsprozeß. Die dortige Regelung ist für die vorliegende Problematik deshalb von erheblichem Erkenntniswert, weil die privatrechtlichen Vereine und Verbände bezüglich ihrer inneren Struktur den öffentlichrechtlichen Körperschaften in hohem Maße vergleichbar sind. Bezüglich ihrer inneren Organisation unterscheiden sich etwa kleinere Gemeinden und größere privatrechtliche Verbände kaum[81]. Diese gerade auch in unserem Zusammenhang feststellbare strukturelle Parallelität zwischen Vereinen und öffentlichrechtlichen Körperschaften – beide sind aufgrund der ihnen zustehenden Vereins- bzw. Staatsgewalt in der Lage, von ihnen getroffene Maßnahmen (Vereinsverwaltungsakte bzw. Verwaltungsakte) faktisch zu vollziehen, bevor über deren Rechtmäßigkeit endgültig entschieden ist – hat dazu geführt, daß im Bereich der öffentlichen Verwaltung schon lange dieselben Probleme bezüglich der Regelung des „kritischen" Schwebezustandes aufgetreten sind, wie wir sie im Bereich der Vereinsverwaltung vor uns haben. Der Gesetzgeber hat in § 80 VwGO zur Lösung des Konfliktes eine höchst differenzierte Regelung getroffen, die in allen Fällen darauf hinausläuft, daß kein von den Betroffenen angegriffener und damit streitiger Verwaltungsakt während des Schwebezustandes vollzogen werden darf, ohne daß der Betroffene zuvor die Möglichkeit hatte, vor den Verwaltungsgerichten vorläufigen Rechtsschutz zu beantragen. Rechtstechnisch geschieht dies dadurch, daß dem Widerspruch und der Anfechtungsklage in bestimmten Fällen aufschiebende Wirkung zuerkannt wird und daß in den übrigen Fällen das Verwaltungsgericht die aufschiebende Wirkung anordnen bzw. die Vollziehung des Verwaltungsaktes aussetzen kann.

Wie unumgänglich diese Regelung ist, die im Ergebnis umfassenden einstweiligen Rechtsschutz für die Dauer des Schwebezustandes gewährleistet, zeigt ein Blick auf die Entstehungsgeschichte des § 80 VwGO und die entsprechenden früheren Regelungen in § 51 MRVO Nr. 165 und § 51 der Süddeutschen Verwaltungsgerichtsgesetze (Südd. VGG). Nach dem Wortlaut dieser früheren

81 Wegen dieser strukturellen Verwandtschaft haben z.B. *O. Mayer* und *Rosin* bei der Erörterung verwaltungsrechtlicher Fragen häufig auf das private Vereinsrecht zurückgegriffen. Vgl. die Nachw. oben in FN. 31.

Gesetze konnte in Fällen, in denen dem verwaltungsinternen Rechtsbehelf keine aufschiebende Wirkung zukam oder die sofortige Vollziehung des Verwaltungsaktes angeordnet war, das Verwaltungsgericht die Aussetzung der Vollziehung anordnen, aber erst „nach Erhebung der Anfechtungsklage" (§ 51 Abs. 3. Südd. VGG)[82]. Diese gesetzliche Regelung hatte zur Folge, daß Verwaltungsakte, die für sofort vollziehbar erklärt waren oder gegen die der verwaltungsinterne Rechtsbehelf keine aufschiebende Wirkung hatte, bereits während des Laufs des verwaltungsinternen Vorverfahrens vollzogen werden konnten, ohne daß der Betroffene die Verwaltungsgerichte um einstweiligen Rechtsschutz hätte angehen können. Diese Konsequenz, die es beispielsweise erlaubte, baurechtliche Abbruchverfügungen schon während dieser Schwebezeit zu vollziehen, wurde mit Recht als untragbar und mit rechtsstaatlichen Grundsätzen unvereinbar angesehen. Ein großer Teil der Literatur und auch ein Teil der Rechtsprechung hat sich deshalb über die an sich recht eindeutige Regelung des Gesetzes hinweggesetzt und Anträge auf Aussetzung der Vollziehung bereits während des Laufs des Verwaltungsvorverfahrens zugelassen[83]. Bachof[84] hat in einem seiner Plädoyers für diese über den Gesetzeswortlaut hinausgehende Rechtsfortbildung, die der Gesetzgeber später in § 80 VwGO bestätigt hat, treffend darauf hingewiesen, daß durch die Versagung einstweiligen Rechtsschutzes während des Laufs des verwaltungsinternen Vorverfahrens einem „Verwaltungsstandrecht" Tür und Tor geöffnet werde.

---

82 § 51 Abs. 3 MRVO Nr. 165 brachte diese zeitliche Schranke zwar nicht ausdrücklich zum Ausdruck, wurde aber wegen des Ausdrucks „Beteiligte" ebenso ausgelegt; vgl. *Klinger*, Die Verordnung über die Verwaltungsgerichtsbarkeit in der britischen Zone, § 51 Anm. B 1 mit zahlreichen Nachw.

83 *Eyermann/Fröhler*, Verwaltungsgerichtsgesetz, S. 181; *Klinger*, a.a.O., S. 334; *van de Sandt*, Die Verwaltungsgerichtsbarkeit in der Britischen Zone, § 51 Anm. 3; *Bachof*, NJW 1949, 328; ders., NJW 1949, 815; ders., DV 1949, 646, 647; ders., DÖV 1950, 251; *Naumann*, DV 1949, 290, 292; *Sieveking*, MDR 1949, 24, 26; *Brand*, DVBl. 1950, 45; *Loening*, SJZ 1950, 255, 265; *Hamann*, NJW 1950, 891, 893; *Wälde*, NJW 1950, 398. – Württ.-Bad. VGH, NJW 1949, 840; OVG Münster, MDR 1952, 249; VG Karlsruhe, NJW 1950, 398.
*A.A. von Werder/Labs/Ortmann*, Das Verfahren vor den Verwaltungsgerichten, § 51 Anm. III; *Müller-Heidelberg*, NJW 1949, 814; *Voigt*, DV 1949, 201, 203. – OVG Lüneburg, DÖV 1950, 250; EOVG 1, 134; 1, 152; Bay. VGH, BayBü 1948, 303 Nr. 77; LVG Hannover, DÖV 1949, 238 Nr. 6.

84 NJW 1949, 815.

Die gleiche Gefahr bestünde im Bereich des Vereins- und Verbandswesens, wenn nicht bereits während des Laufs des vereinsinternen Vorverfahrens einstweiliger Rechtsschutz gewährt würde. Auch hier ist zu befürchten, daß andernfalls zumindest gelegentlich Vereinsverwaltungsakte während der Schwebezeit vollstreckt würden, deren Rechtswidrigkeit später von den staatlichen Gerichten oder von einem Schiedsgericht festgestellt wird.

### 3. *Begründung der Zulässigkeit einstweiligen Rechtsschutzes*

Der Gewährung einstweiligen Rechtsschutzes stehen auch nicht diejenigen Erwägungen entgegen, die den Ausschluß der Klagemöglichkeit vor Abschluß der vereinsinternen Verfahren rechtfertigen. Der Erschöpfungsgrundsatz erhält seine innere Rechtfertigung aus dem Gedanken, daß die Freiheit des verbandsinternen Willensbildungsprozesses nicht von außen her gestört werden soll, daß eine solche Störung jedoch zu befürchten wäre, wenn sich neben den vereinsintern zuständigen Instanzen die staatlichen Gerichte mit derselben Sache befaßten, da in diesem Falle das Ergebnis des vereinsinternen Willensbildungsprozesses durch die gerichtliche Entscheidung möglicherweise präjudiziert werden könnte. Anders als in gerichtlichen Verfahren in der Hauptsache kann nun aber ein einstweiliges Verfügungsverfahren nicht in Konkurrenz zu einem gleichzeitig anhängigen vereinsinternen Verfahren treten, da sein Gegenstand ein anderer ist[85]. Während sich die vereinsinternen Organe unter anderem mit der Frage der Rechtmäßigkeit bzw. Rechtswidrigkeit der eine endgültige Regelung bezweckenden erstinstanzlichen Entscheidung zu befassen haben, ist das staatliche Gericht im einstweiligen Verfügungsverfahren lediglich dazu berufen, eine vorläufige Regelung bis zu einer endgültigen vereinsinternen Entscheidung zu treffen, um zu verhindern, daß dem betroffenen Mitglied nicht wiedergutzumachende Nachteile entstehen. Bei der Entscheidung, welche Regelung während des bis zum Abschluß des vereinsinternen Verfahrens bestehenden Schwebezustandes im einzelnen gelten soll, hat es sich, wie im einzelnen unten noch darzulegen ist, unter Außerachtlassung der Frage der Rechtmäßigkeit bzw. Rechtswidrigkeit der angegriffenen Maßnahme auf eine Interessenabwägung zu beschränken, d.h. darauf abzustellen, ob das Interesse des Mitglieds, bis zur rechtmäßigen Klärung den status quo beizubehalten, oder aber das

---

85 Vgl. hierzu im einzelnen unten S. 38 ff (Abschnitt F I).

Interesse des Vereins, die ausgesprochene Maßnahme sofort faktisch zu vollziehen, überwiegt[86]. Da sich das Gericht im einstweiligen Verfügungsverfahren somit gegenständlich mit anderen Fragen zu befassen und andere Erwägungen anzustellen hat als die Vereinsorgane bei der Überprüfung einer erstinstanzlichen Entscheidung, kommt es insoweit nicht zu einer Konkurrenz zwischen verbandsinterner und gerichtlicher Willensbildung, wie sie bei Zulassung von Klagen in der Hauptsache noch vor Abschluß der verbandsinternen Willensbildung unvermeidlich wäre. Deren Störung oder gar Präjudizierung durch den Erlaß einer einstweiligen Verfügung ist demnach nicht zu befürchten.

### *4. Ergebnis*

Die dogmatischen Erwägungen zum Umfang des Geltungsbereiches des Erschöpfungsgrundsatzes, vor allem aber auch die Parallelentwicklungen in anderen Rechtsbereichen zeigen, daß die Gewährung einstweiligen Rechtsschutzes gegen Verbandsmaßnahmen noch während der Fortdauer der verbandsinternen Vorverfahren nicht nur keinen Eingriff in die Verbandsautonomie bedeutet, sondern sich im Gegenteil in die allgemeine Tendenz eines umfassenden Rechtsschutzes gegenüber Emanationen öffentlichrechtlicher oder privatrechtlicher Verbandsgewalt einfügt. Die Gewährung einstweiligen Rechtsschutzes stellt zu dem Erschöpfungsgrundsatz, durch den die Verbände zu Lasten ihrer Mitglieder privilegiert werden, ein unumgängliches Korrelat dar, ohne das der hinsichtlich Klagen in der Hauptsache an sich gerechtfertigte Erschöpfungsgrundsatz unter dem Gesichtspunkt des Anspruchs der Mitglieder auf umfassenden und effektiven Rechtsschutz nicht aufrecht erhalten werden könnte.

---

86 So auch jetzt LG Frankfurt in dem Urteil v. 2.11.1972 (vgl. FN. 71) und das OLG Frankfurt in dem Urteil v. 25./26.4.1973 (vgl. FN. 58).

# F. Materielle Voraussetzungen der Gewährung einstweiligen Rechtsschutzes

Nachdem die Zulässigkeit einstweiligen Rechtsschutzes dargetan ist, bedarf es einer eingehenderen Erörterung der Frage, unter welchen materiellen Voraussetzungen einem vor Abschluß des vereinsinternen Verfahrens gestellten Antrag auf einstweiligen Rechtsschutz gegen den sofortigen Vollzug einer belastenden Vereinsmaßnahme stattzugeben ist, d.h. unter welchen Voraussetzungen ein solcher Antrag begründet ist. Es geht hierbei um die bereits oben vorläufig beantwortete Frage, ob der Erlaß einer einstweiligen Verfügung von einer für den Antragsteller positiv ausfallenden Vorwegprüfung der Hauptsache abhängt, oder allein im Rahmen einer Interessenabwägung durch das überwiegende Interesse des Antragstellers an der Aufrechterhaltung des status quo legitimiert wird.

## I. Vorwegprüfung der Hauptsache oder Interessenabwägung?

Da diese Frage möglicherweise unterschiedlich zu beantworten ist, je nachdem ob der Erlaß einer Sicherungsverfügung (§ 935 ZPO) oder einer sogenannten Regelungsverfügung (§ 940 ZPO) begehrt wird, muß zunächst geklärt werden, welche dieser beiden Rechtsschutzformen im Verhältnis zwischen Verein und Vereinsmitgliedern zum Zuge kommt.

### *1. Einstweilige Verfügungen gegen den Vollzug belastender Vereinsmaßnahmen als Regelungsverfügungen im Sinne des § 940 ZPO*

Während die in § 935 ZPO geregelten Sicherungsverfügungen der Sicherung von gefährdeten Ansprüchen auf gegenständlich bestimmte Individualleistungen dienen[87], knüpfen die regelnden Verfügungen (§ 940 ZPO) nicht an zu sichernde Ansprüche, sondern an streitige Rechtsverhältnisse an und bezwek-

---

87 Vgl. *Stein-Jonas-Pohle,* 18. Aufl.. Vorbem. III vor § 916; *Rosenberg,* Lehrb. des dt. Zivilprozeßrechts, S. 1103.

ken die Regelung eines einstweiligen Zustandes in Bezug auf diese Verhältnisse[88]. Ihr vornehmliches Anwendungsgebiet liegt dementsprechend im Bereich von Dauerrechtsverhältnissen, wie etwa Arbeits-, Miet-, Gemeinschafts- und Gesellschaftsverhältnissen[89]. Denn Verhältnisse dieser Art lassen sich – das aber wäre Voraussetzung für den Erlaß von Sicherungsverfügungen – nicht in ein Bündel von individualrechtlichen Ansprüchen auflösen. Durch die Sicherung eines mehr oder weniger gewaltsam isolierten Anspruches ließe sich innerhalb so komplexer Rechtsverhältnisse ein gerechter Interessenausgleich auch gar nicht herbeiführen. Hierzu bedarf es vielmehr eines – sämtliche beteiligten Interessen berücksichtigenden – regelnden richterlichen Eingriffes, welcher nur durch den Erlaß einer einstweiligen Verfügung zur Sicherung des Rechtsfriedens im Sinne des § 940 ZPO vorgenommen werden kann[90].

Dieselben Gründe, welche im Bereich der oben genannten Dauerrechtsverhältnisse für den Erlaß regelnder Verfügungen sprechen, treffen auch für das zwischen Vereinen und ihren Mitgliedern bestehende Verhältnis zu. Einstweiliger Rechtsschutz kann deshalb auch in diesem Verhältnis nur mittels regelnder Verfügungen im Sinne des § 940 ZPO gewährt werden.

### 2. *Gegenstand von Regelungsverfügungen im Sinne des § 940 ZPO*

Die Beantwortung der Frage, unter welchen materiellen Voraussetzungen die Gerichte im Wege solcher regelnder Verfügungen den Mitgliedern einstweiligen Rechtsschutz gewähren dürfen, hängt davon ab, ob sie bereits im einstweiligen Verfügungsverfahren unter Vorwegnahme des Hauptsacheverfahrens in eine volle materiellrechtliche Schlüssigkeitsprüfung einzutreten oder aber ihre Entscheidungen primär auf eine Interessenabwägung zu stützen haben und die rechtliche Prüfung auf die Fragen beschränken müssen, ob eine Klage in der Hauptsache entweder offensichtlich begründet oder aber offensichtlich unbegründet wäre. Während im ersteren Falle eine den Mitgliedern günstige Entscheidung nur unter der Voraussetzung ergehen könnte, daß die Verhängung der angegriffenen Vereinsmaßnahme rechtswidrig war, wäre im zweiten Falle die Gewährung einstweiligen Rechtsschutzes – unabhängig von der Frage der Rechtmäßigkeit oder Rechtswidrigkeit der Maßnahme – schon dann möglich,

---

88 *Rosenberg*, a.a.O., S. 1103; *Baur*, Studien. S. 28 ff.

89 *Baur*, Studien, S. 30 f.

90 Vgl. *Baur*, Studien, S. 31.

wenn das Interesse des Mitgliedes an der Aussetzung des Vollzugs der – nur möglicherweise – rechtswidrigen Maßnahme das Interesse des Vereins an deren sofortiger Vollziehung überwiegt.

Welche der beiden geschilderten Auffassungen zutrifft, was also Gegenstand der Prüfung im einstweiligen Verfügungsverfahren ist, ist nicht unproblematisch. Für die herrschende Auffassung, die auch im einstweiligen Verfügungsverfahren in aller Regel auf eine volle materiellrechtliche Schlüssigkeitsprüfung nicht verzichten will[91], spricht, daß das einstweilige Verfügungsverfahren in der ZPO als Erkenntnisverfahren konstruiert ist[92], und die im Rahmen dieses Verfahrens getroffenen Entscheidungen sich im nachfolgenden Hauptprozeß, der seinerseits sicherlich aufgrund der materiellen Rechtslage entschieden werden muß, bewähren sollten[93]. Andererseits ist jedoch zu berücksichtigen: Stellt man an die Prüfungspflicht der Richter im einstweiligen Verfügungsverfahren zu hohe Anforderungen, besteht die Gefahr, daß darunter die gebotene und wünschenswerte Effektivität des einstweiligen Rechtsschutzes leidet, weil unter dieser Voraussetzung in rechtlich schwierigen Fällen einstweilige Verfügungen nicht mehr in der gebotenen Schnelligkeit erlassen werden könnten[94].

In Rechtsprechung und Literatur ist dementsprechend auch eine Tendenz zu erkennen, den Umfang der materiellrechtlichen Vorprüfung in den Verfahren des einstweiligen Rechtsschutzes einzuschränken. Nach einer ständigen Rechtsprechung des Bundesverfassungsgerichts besteht in den verfassungsgerichtlichen Eilverfahren des § 32 BVerfGG – überspitzt ausgedrückt – geradezu ein Verbot einer materiellrechtlichen Vorprüfung[95]. Auch in der verwaltungsgerichtlichen Rechtsprechung zu § 80 VwGO finden sich eine ganze Reihe von Entscheidungen, die sich in erster Linie auf eine Interessenabwägung stützen und auf eine Prognose über den Ausgang des Hauptverfahrens weitgehend verzichten[96]. An-

---

91 Vgl. z.B. *Baur*, Studien, S. 26 ff.; *Rosenberg*, Lehrb. des dt. Zivilprozeßrechts, S. 1107.

92 Vgl. hierzu *Schulte*, Untersuchung, S. 9 und passim; weit. Nachw. bei *Leipold*, Grundlagen, S. 18 FN. 6.

93 *Baur*, Studien, S. 29.

94 *Baur*, Studien, S. 30; *Leipold*, Grundlagen, S. 24.

95 BVerfGE 7, 367, 371; 8, 42, 44; 17, 145, 147; BVerfG, NJW 1971, 1793; weit. Nachw. bei *Leipold*, Grundlagen, S. 31 FN. 11–17.

96 Nachw. bei *Leipold*, Grundlagen S. 42 FN. 20; vgl. aber auch *Baur*, Studien, S. 21 f.

satzweise hat sich diese Tendenz auch in der Rechtsprechung und Literatur zum zivilprozessualen einstweiligen Verfügungsverfahren niedergeschlagen. In einigen gerichtlichen Entscheidungen[97] und literarischen Äußerungen[98] wird – gestützt auf den Wortlaut des § 940 ZPO – die Auffassung vertreten, daß beim Erlaß von Regelungsverfügungen generell oder unter bestimmten Voraussetzungen auf eine volle rechtliche Schlüssigkeitsprüfung verzichtet werden könne.

Neuerdings wurde die Frage, ob im Rahmen des Zivilprozesses einstweilige Verfügungen zulässigerweise aufgrund einer bloßen Interessenabwägung erlassen werden können, von Leipold grundsätzlich aufgeworfen und bejaht[99]. Auf eine prinzipielle Stellungnahme zu dieser These kann an dieser Stelle verzichtet werden. Denn bei den hier allein interessierenden Verfügungen im Sinne des § 940 ZPO zur vorläufigen Regelung des Mitgliedschaftsverhältnisses für die Zeit der Anhängigkeit vereinsinterner Rechtsbehelfsverfahren kann es für die Frage der Begründetheit eines Antrags auf einstweiligen Rechtsschutz aus spezifisch vereins- bzw. verbandsrechtlichen Gründen nur auf eine Interessenabwägung ankommen. Wie bereits oben dargelegt wurde, hat der Erschöpfungsgrundsatz den Sinn, den komplizierten verbandsinternen Willensbildungsprozeß unbeeinflußt von gerichtlichen Entscheidungen vonstatten gehen zu lassen. In diesen Prozeß sollen die Gerichte nicht vorzeitig und damit präjudizierend eingreifen. Deshalb ist eine Klage in der Hauptsache erst nach Abschluß dieses verbandsinternen Verfahrens zulässig. Wenn nun aber im Rahmen des einstweiligen Verfügungsverfahrens eine materiellrechtliche Vorwegprüfung erfolgte, würden die Gerichte doch präjudizierend – wenn auch nur in geringerem Umfange – in den verbandsinternen Willensbildungsprozeß eingreifen.

Um einen von gerichtlichen Eingriffen unbeeinflußten innerverbandlichen Willensbildungsprozeß zu gewährleisten, erscheint es daher unabdingbar geboten, die Begründetheit einer einstweiligen Verfügung lediglich von einer Interessenabwägung, nicht aber von einer Prognose über die materiellrechtliche

---

97 OLG Dresden, Seuff.Arch. 71 Nr. 178 S. 300; RG, JW 1882. 54; JW 1895, 242; RGZ 27, 429; OLG München, NJW 1958, 1880.

98 *Stein-Jonas-Pohle*, 18. Aufl., § 940 Anm. VI 1; *Baur*, Studien, S. 30.

99 Grundlagen des einstweiligen Rechtsschutzes im zivil-, verfassungs- und verwaltungsgerichtlichen Verfahren, München 1971.

Rechtslage abhängig zu machen[100]. Etwas anderes kann nur gelten, wenn eine Klage in der Hauptsache offensichtlich begründet oder offensichtlich unbegründet wäre.

Die Beschränkung der Gerichte auf eine Interessenabwägung ist jedoch nicht nur unter dem Gesichtspunkt der Freiheit des vereins- und verbandsinternen Willensbildungsprozesses geboten, sondern auch aus weiteren Gründen sachgerecht. Bei dem Erlaß einstweiliger Verfügungen im Rahmen von komplexen Mitgliedschaftsverhältnissen geht es einerseits darum, den Verband funktionsfähig zu halten, andererseits jedoch gleichzeitig auch darum, den betroffenen Mitgliedern ein Mindestmaß an Teilhabe- und Teilnahmerechten zu sichern[101]. Dieser Aufgabe, deren Erfüllung ein rasches Eingreifen erfordert, kann der staatliche Richter nur gerecht werden, wenn er davon entbunden ist, vor Erlaß der zweckmäßig erscheinenden Maßnahme in eine materielle Schlüssigkeitsprüfung hinsichtlich der Hauptsache einzutreten.

## II. Interessenabwägung in den Bundesliga-Bestechungsfällen

Welche Gesichtspunkte bei der demnach, abgesehen von den obengenannten Evidenzfällen, ausnahmslos gebotenen Interessenabwägung zu berücksichtigen sind, soll im folgenden am Beispiel der im Rahmen des Fußballbundesliga-Skandals zu gerichtlicher Entscheidung gelangten Fälle dargelegt werden.

Wie oben gezeigt wurde, kann in diesen Fällen der sofortige Vollzug der verhängten Sperren für die Spieler weittragende Folgen haben, ja teilweise irreparable Zustände herbeiführen. Auf seiten des DFB werden in aller Regel derart schwerwiegende Gründe, die einen sofortigen Vollzug der ausgesprochenen Sperren unabdingbar erscheinen lassen würden, nicht vorliegen. Zwar ist zu berücksichtigen, daß der DFB als Veranstalter der Bundesliga für einen ordnungsgemäßen und sportlich einwandfreien Ablauf des Wettkampfes zu sorgen hat. Dieser Aufgabe kann er unter Umständen nur gerecht werden, wenn er Spieler, von denen – etwa aufgrund eines überprüften Geständnisses – feststeht, daß sie Bestechungsgelder angenommen haben, mit sofortiger Wirkung aus dem Spielbetrieb herausnimmt. Denn andernfalls bestünde die Gefahr, daß der sportliche

---

100 Dieser Auffassung haben sich im Ergebnis nun auch das LG und das OLG Frankfurt angeschlossen, vgl. oben FN. 86.

101 Vgl. hierzu insbes. *Baur*, Studien, S. 34.

Wettkampf seine Glaubwürdigkeit verliert. In einem solchen Falle wird man daher dem Antrag des Spielers auf Erlaß einer einstweiligen Verfügung nicht stattgeben können.

Anders ist die Situation, wenn die Frage, ob sich der Spieler der ihm zur Last gelegten Verfehlungen schuldig gemacht hat, rechtlich oder tatsächlich umstritten ist. Bei einer solchen Konstellation ist die Gefahr, daß die Sportlichkeit des Wettkampfes beeinträchtigt wird, in beiden Fällen gegeben: Wird der Spieler vorläufig gesperrt und stellt sich später seine Unschuld heraus, so war der Wettkampf infolge des Fehlens dieses Spielers, der möglicherweise den Verlauf des Wettkampfes entscheidend beeinflußt hätte, verzerrt. Hat der Spieler dagegen am Wettkampf teilgenommen und stellt sich später seine Schuld heraus, so war der Kampf gleichermaßen verzerrt. Bei einer derartigen Situation müssen die gravierenden Interessen des Spielers an der Fortsetzung seiner beruflichen Tätigkeit den Ausschlag geben. Für die Höherbewertung der Interessen der Spieler – von Fällen offenkundiger Schuld abgesehen – läßt sich ein weiterer Gesichtspunkt anführen: Wenn ein Spieler, dessen Schuld sich später als nicht bestehend oder jedenfalls nicht nachweisbar herausstellt, vorzeitig gesperrt wird und damit an der „Spielerbörse" erheblich an „Wert" verliert oder gar ganz „wertlos" wird, so bedeutet dies nicht nur für den Spieler selbst, sondern auch für seinen Verein einen erheblichen Verlust. Der Verein, der diesen Spieler vielleicht für mehrere hunderttausend DM „eingekauft" hat, ist mangels Spielerlaubnis weder in der Lage, den Spieler einzusetzen noch den aufgewandten Kapitaleinsatz anläßlich eines Vereinswechsels des Spielers in Gestalt der Ablösesumme ganz oder teilweise zurückzuerhalten. Da vom DFB ausgesprochene Spielersperren in aller Regel auch für das Ausland gelten, läßt sich dieser Schaden auch nicht durch einen Spielerwechsel zu einem ausländischen Verein abwenden.

Aus all diesen Gründen ist zusammenfassend festzustellen: Die Interessenabwägung wird, abgesehen von Fällen offensichtlicher Schuld, regelmäßig zu dem Ergebnis führen, daß dem Interesse des Spielers an der Aussetzung des sofortigen Vollzugs einer verhängten Sperre gegenüber dem Interesse des DFB an deren sofortiger Vollziehung der Vorzug zu geben ist, so daß in aller Regel mit dem Ziel der Aussetzung der Vollziehung angebrachte Anträge auf den Erlaß einer einstweiligen Verfügung nicht nur zulässig, sondern auch begründet sein werden.

## G. Rechtspolitischer Ausblick

Folgt man dem hier gefundenen Ergebnis, so bietet bereits das geltende Recht die Möglichkeit, den Konflikt zwischen den berechtigten Autonomieansprüchen der Vereine und Verbände einerseits und dem Anspruch der Mitglieder auf umfassenden Rechtsschutz andererseits durch die Gewährung uneingeschränkten, d.h. bereits vor Abschluß des vereins- bzw. verbandsinternen Entscheidungsprozesses einsetzenden einstweiligen Rechtsschutzes zu lösen. Allerdings ist dieser Weg insofern verhältnismäßig aufwendig und kompliziert, als in jedem einzelnen Falle das staatliche Gericht eingeschaltet werden muß, sofern nicht der Verein freiwillig auf den Vollzug seiner Maßnahme verzichtet. Auch ist nicht zu verkennen, daß nicht in jedem einzelnen Falle mit der wünschenswerten Sicherheit vorausgesagt werden kann, ob einem Antrag auf den Erlaß einer einstweiligen Verfügung Erfolg beschieden sein wird. Denn anders als in den hier beispielhaft angeführten relativ eindeutigen DFB-Fällen wird das Ergebnis der in jedem Falle von dem Richter vorzunehmenden Interessenabwägung mangels gesetzlich vorgezeichneter Interessenwertungen häufig von den subjektiven Wertungen des jeweils zur Entscheidung berufenen Richters abhängen.

Im Interesse der Rechtssicherheit sollte deshalb das Problem des einstweiligen Rechtsschutzes gegen belastende Vereinsmaßnahmen im einzelnen gesetzlich geregelt werden, wobei gleichzeitig eine Rechtsvereinfachung angestrebt werden sollte. Wegen der engen strukturellen Verwandtschaft zwischen innerem Vereinsrecht und öffentlichem Recht könnte dem Gesetzgeber hierbei die Regelung des § 80 VwGO als Vorlage dienen. Zunächst wäre durch das Gesetz gewissermaßen eine Grobregelung dahingehend vorzunehmen, daß die Einlegung vereinsinterner Rechtsbehelfe und die Klageerhebung vor den staatlichen Gerichten bei bestimmten Vereinsverwaltungsakten grundsätzlich aufschiebende Wirkung haben, bei anderen dagegen nicht. Möglicherweise könnte noch eine dritte Gruppe von Vereinsmaßnahmen vorgesehen werden, bei denen die aufschiebende Wirkung ausgeschlossen ist, wenn der Verband die sofortige Vollziehbarkeit aus besonderen, offenzulegenden Gründen angeordnet hat. An eine solche Grobregelung könnte sich dann eine Feinregelung dergestalt anschließen, daß einem Vereinsmitglied, gegen das ein sofort vollziehbarer Vereinsverwaltungsakt erlassen wurde, in jedem Falle die Möglichkeit offengehalten wird, aus besonderen, näher zu bestimmenden Gründen bei den staatlichen Gerichten um die Aussetzung der Vollziehbarkeit nachzusuchen.

Allerdings dürfte es kaum möglich sein, für die in der ersten Stufe notwendige Typisierung der Vereinsverwaltungsakte danach, ob ein gegen sie eingelegter Rechtsbehelf aufschiebende Wirkung haben soll oder nicht, die Regelung des § 80 VwGO einfach unverändert zu übernehmen. Es bedarf hierzu vielmehr einer gezielten rechtstatsächlichen Untersuchung, die damit beginnen könnte, daß man Vereinssatzungen zunächst daraufhin untersucht, inwieweit sie eine solche Unterscheidung bereits selbst vornehmen und nach welchen Gesichtspunkten hierbei differenziert wird. Da sich eine differenzierende Regelung jedoch bisher nur in einer beschränkten Anzahl von Vereinssatzungen findet, wird man zusätzlich die verschiedenen Situationen, in denen der zu lösende Konflikt in der Rechtswirklichkeit auftritt, rein rechtstatsächlich erforschen und unter Interessengesichtspunkten im einzelnen analysieren müssen, um anschließend juristische Wertungen im Sinne der Anordnung oder Nichtanordnung des Suspensiveffektes treffen zu können. Nach Auswertung dieses Materials und seiner typologischen Gliederung in verschiedene Fallgruppen dürfte sich dann auch für das Vereinsrecht eine Lösung des Problems des einstweiligen Rechtsschutzes finden lassen, die – wie die Regelung des § 80 VwGO im öffentlichen Recht – allen beteiligten Interessen gerecht wird. Angesichts der derzeit bestehenden – und in den zum DFB-Skandal bisher ergangenen Gerichtsentscheidungen wieder offenkundig gewordenen – Rechtsunsicherheit ist nur zu hoffen, daß eine gesetzliche Regelung nicht mehr allzu lange auf sich warten läßt.